GRIEKS: ALLEDAAGSE RECEPTEN MET GRIEKSE WORTELS

Geniet van de essentie van de Griekse keuken via 100 recepten

Dewi Bos

Auteursrechtelijk materiaal ©2024

Alle rechten voorbehouden

Geen enkel deel van dit boek mag in welke vorm of op welke manier dan ook worden gebruikt of overgedragen zonder de juiste schriftelijke toestemming van de uitgever en eigenaar van het auteursrecht, met uitzondering van korte citaten die in een recensie worden gebruikt. Dit boek mag niet worden beschouwd als vervanging voor medisch, juridisch of ander professioneel advies.

INHOUDSOPGAVE

INHOUDSOPGAVE 3

INVOERING 7

GRIEKS ONTBIJT 8

    1. Griekse omeletschotel 9
    2. Griekse Kaastaart Met Noten En Honing 11
    3. Mediterrane ontbijtkom 13
    4. Griekse avocadotoost 15
    5. Volkoren toast met avocado en eieren 17
    6. Griekse roerei 19
    7. Griekse gebakken eieren met aardappel en feta 21
    8. Griekse Sesambroodringen 23
    9. Grieks ontbijt Ladenia 25
    10. Griekse ontbijtrijstpudding (Rizogalo) 27
    11. Griekse ontbijt eiermuffins 29
    12. Grieks ontbijt eierkoekje met groenten en feta 31
    13. Griekse ontbijtpita's 33
    14. Griekse yoghurtparfait 35
    15. Mediterrane omelet 37
    16. Ontbijtwrap met spinazie en feta 39

GRIEKSE SNACKS 41

    17. Griekse Tzatziki-dip 42
    18. Griekse gebakken kaas 44
    19. Griekse frietjes 46
    20. Griekse Feta-dip 48
    21. Mediterrane fruitsalade 50
    22. Calamares met rozemarijn en chili-olie 52
    23. Griekse Auberginedip 54
    24. Griekse Spanakopita-loempia's 56
    25. Griekse Tortilla Pinwheels 58
    26. Griekse gevulde komkommerhapjes 60
    27. Pittig gekruide aardappelen 62
    28. Griekse Salade Cracke r 64

29. Griekse pitabroodhapjes 66
30. Griekse Courgetteballetjes (Kolokithokeftedes) 68
31. Baklava Energiebeten 70
32. Garnaal _ gamba's 72
33. Mediterraan geïnspireerde trailmix 74
34. Datum- en pistachehapjes 76
35. Aubergines met honing 78

GRIEKSE LUNCH 80

36. Griekse klassieke citroenaardappelen 81
37. Griekse salade 83
38. Griekse Kipgyros 86
39. Griekse Gehaktballetjes 88
40. Griekse gevulde paprika's 90
41. Griekse Bonensoep 92
42. Griekse geroosterde sperziebonen 94
43. Griekse Linzensoep 96
44. Griekse Kikkererwtensoep 98
45. Griekse Souvlaki 100
46. Griekse rundvlees- en auberginelasagne (Moussaka) 102
47. Mediterrane kikkererwtensalade 104
48. Citroenkruidkip met Quinoa en Perzik 106
49. Griekse Salade Wrap 108
50. Mediterrane Quinoasalade 110
51. Mediterrane tonijn-witte bonensalade 112
52. Inktvis en rijst 114

GRIEKS DINER 116

53. Griekse gevulde druivenbladeren 117
54. Grieks gebakken orzo 119
55. Griekse Spanakopita 121
56. Griekse Kaastaarten (Tiropita) 124
57. Griekse langzaam gegaarde lamsgyros 126
58. Griekse lamskoteletten gevuld met lamsvlees 128
59. Grieks Lam Kleftiko 130
60. Gekruide lamskoteletten met gerookte aubergine 132
61. Griekse Aborigine en Lamspasticcio 134

62. Griekse groene salade met gemarineerde feta 136
63. Griekse lamspita's 138
64. Mediterrane gebakken zalm 140
65. Mediterrane Quinoa Gevulde Paprika's 142
66. Mediterraanse linzen- en groentestoofpot 144
67. Gegrilde groente- en halloumi-spiesjes 146
68. Mediterrane Garnalen En Spinazie Saute 148

GRIEKSE VEGETARISCH 150

69. Griekse Jackfruitgyros 151
70. Griekse veganistische Skordalia 153
71. Griekse Orzo Pastasalade met Veganistische Feta 155
72. Griekse kikkererwtengyros 157
73. Griekse Vegetarische Moussaka 159
74. Griekse gebakken courgette en aardappelen 161
75. Griekse Vegetarische Rijst 163
76. Griekse Gigantes Plaki 165
77. Griekse Tomatenbeignets 167
78. Griekse Kikkererwtenbeignets 169
79. Griekse witte bonenstoofpot 171
80. Griekse Vegetarische Bamie s 173
81. Griekse gegrilde groentekommen 175
82. Groenteballetjes Met Tahini Citroensaus 177
83. Griekse geroosterde groenten 179
84. Griekse A ube igine en Tomatenstoofpot 181
85. Griekse Avocadotartine 183
86. Griekse Spinazierijst 185
87. Griekse Avgolemonosoep 187
88. Griekse Plantaardige Pita's 189

GRIEKSE DESSERT 191

89. Griekse Boterkoekjes 192
90. Grieks Honingkoekje s 194
91. Griekse Walnotentaart 196
92. Griekse Baklava 198
93. Ananas Nice Cream 200
94. Griekse sinaasappelcake 203

95. Griekse donuts (loukoumades) 205
96. Griekse melkvlapudding 207
97. Griekse amandelsiroopgebakjes 209
98. Griekse amandelkoekjes 211
99. Griekse Oranjebloesembaklav a 213
100. Griekse honing- en rozenwaterbaklava 215

CONCLUSIE **217**

INVOERING

Betreed de zonovergoten wereld van mediterrane smaken en omarm de essentie van de Griekse keuken met GRIEKS: ALLEDAAGSE RECEPTEN MET GRIEKSE WORTELS. Tijdens deze culinaire reis nodigen we je uit om te genieten van het rijke scala aan smaken die de Griekse keuken definiëren: een voortreffelijke mix van traditie, versheid en de levendige geest van de Egeïsche Zee. Met 100 zorgvuldig samengestelde recepten viert dit kookboek de kunst van het thuis koken, waardoor je de warmte van de Griekse keuken naar je toe kunt halen.

Stel je het azuurblauwe water van de Egeïsche Zee voor, de witgekalkte gebouwen die zich aan de heuvels vastklampen, en de geur van olijfolie en kruiden die door de lucht zweven. "Grieks" is niet alleen een verzameling recepten; het is een paspoort naar het hart van Griekenland, waar elk gerecht een verhaal vertelt over erfgoed, regionale invloeden en het plezier van gezamenlijk dineren.

Of u nu een doorgewinterde chef-kok bent die authentieke Griekse smaken wil nabootsen of een thuiskok die uw maaltijden graag een mediterrane flair wil geven, deze recepten zijn ontworpen om toegankelijk en heerlijk te zijn en een viering van de dagelijkse Griekse keuken. Van klassieke moussaka tot levendige Griekse salades, begin aan een culinaire odyssee die de geest van de Griekse tafel naar de jouwe brengt.

Ga met ons mee terwijl we de eenvoudige maar diepgaande geneugten van de Griekse keuken ontdekken, waarbij elk recept een herinnering is dat lekker eten de kracht heeft om je naar zonovergoten kusten, familiebijeenkomsten en het hart van de Griekse gastvrijheid te vervoeren. Verzamel dus je ingrediënten, omarm de mediterrane sfeer en laten we genieten van de essentie van de Griekse keuken via 'Grieks'. Opa!

GRIEKS ONTBIJT

1. Griekse omeletschotel

INGREDIËNTEN:
- Twaalf grote eieren
- Twaalf ons artisjokkensalade
- Acht ons vers gesneden spinazie
- Een eetlepel verse dille
- Vier theelepels olijfolie
- Een theelepel gedroogde oregano
- Twee teentjes gehakte knoflook
- Twee kopjes volle melk
- Vijf ons zongedroogde tomaten
- Een kopje verkruimelde fetakaas
- Een theelepel citroenpeper
- Eén theelepel zout
- Eén theelepel peper

INSTRUCTIES:
a) Neem een grote kom.
b) Voeg de eieren toe aan de kom.
c) Klop de eieren ongeveer vijf minuten.
d) Neem een andere kom en doe de peper, citroenpeper, verse dille, gedroogde oregano en zout in de kom.
e) Meng alle ingrediënten goed.
f) Voeg de olijfolie en spinazie toe aan de eierkom.
g) Meng de ingrediënten goed en voeg de gehakte knoflook en de rest van de ingrediënten toe.
h) Meng alle ingrediënten van beide kommen door elkaar.
i) Voeg het mengsel toe aan een ingevette ovenschaal.
j) Bak de braadpan gedurende vijfentwintig tot dertig minuten.
k) Serveer de ovenschotel als deze klaar is.
l) Het gerecht is klaar om geserveerd te worden.

2.Griekse Kaastaart Met Noten En Honing

INGREDIËNTEN:
- Acht ons fetakaas
- Eén pakje filodellen
- Een theelepel gedroogde munt
- Half kopje gehakte noten (naar keuze)
- Een kopje honingtijm
- Een kopje gezeefde Griekse yoghurt
- Zeven ons boter

INSTRUCTIES:
a) Neem een grote kom.
b) Voeg de boter eraan toe en klop goed.
c) Voeg de Griekse yoghurt en fetakaas toe aan de boterkom.
d) Meng de ingrediënten goed.
e) Voeg de gedroogde munt toe aan de kom en meng goed.
f) Verdeel de filodellen in een ingevette bakplaat.
g) Voeg het kaasmengsel toe aan de filodellen en bedek het met nog meer filodellen.
h) Bak de taart ongeveer veertig minuten.
i) Schep de taart uit.
j) Sprenkel de honingtijm over de taart.
k) Garneer het gerecht met gehakte noten
l) Het gerecht is klaar om geserveerd te worden.

3. Mediterrane ontbijtkom

INGREDIËNTEN:
- 4 zachtgekookte eieren, gekookt naar wens
- 8 ons witte champignons, gehalveerd
- Extra vergine olijfolie
- Kosjer zout
- 2 kopjes kerstomaatjes
- 2 kopjes babyspinazie, verpakt
- 1 tot 2 teentjes knoflook, fijngehakt
- 1 ½ kopje hummus
- Za'atar-kruiden
- Olijven (optioneel, voor garnering)

INSTRUCTIES:
GEBAK PADDESTOELEN:
a) Verhit een scheutje extra vergine olijfolie in een koekenpan op middelhoog vuur.
b) Voeg de gehalveerde champignons toe en kook tot ze goudbruin en zacht zijn, breng op smaak met een snufje koosjer zout. Haal van het vuur en zet opzij.

BLISTER KERSENTOMATEN:
c) Voeg in dezelfde koekenpan nog een beetje olijfolie toe en verwarm op middelhoog vuur.
d) Voeg de kerstomaatjes toe en kook tot ze beginnen te blaren en zacht worden. Haal van het vuur en zet opzij.

SPINAZIE BEREIDEN:
e) Voeg indien nodig een beetje meer olijfolie toe in dezelfde koekenpan en bak de gehakte knoflook kort tot het geurig is.
f) Voeg de verpakte babyspinazie toe en kook tot deze slinkt.
g) Breng op smaak met een snufje zout.

MONTEER DE KOM:
h) Begin met het smeren van een royale laag hummus op de bodem van een kom.
i) Verdeel de zachtgekookte eieren, de gebakken champignons, de gepofte kerstomaatjes en de gebakken spinazie over de hummus.
j) Strooi Za'atar over de ingrediënten.
k) Voeg indien gewenst olijven toe voor extra smaak en garnering.

4.Griekse avocadotoost

INGREDIËNTEN:
- Half kopje citroensap
- Vier sneetjes brood
- Half kopje kerstomaatjes
- Half kopje extra vergine olijfolie
- Half kopje verkruimelde kaas
- Gemalen rode pepers
- Half kopje gehakte komkommer
- Een kwart kopje dille
- Half kopje Kalamata-olijven
- Twee kopjes gehakte avocado
- Een snufje zout
- Een snufje zwarte peper

INSTRUCTIES:
a) Neem een grote kom.
b) Voeg alle ingrediënten toe behalve de sneetjes brood.
c) Mix alle ingredienten.
d) Rooster de sneetjes brood
e) Verdeel het mengsel over de sneetjes brood.

5. Volkoren toast met avocado en eieren

INGREDIËNTEN:
- 2 sneetjes volkorenbrood
- 1 rijpe avocado
- 2 gepocheerde of gebakken eieren
- Zout en peper naar smaak
- Optionele toppings: kerstomaatjes, rode pepervlokken of verse kruiden

INSTRUCTIES:

a) Rooster de sneetjes volkorenbrood tot ze knapperig zijn.

b) Pureer de rijpe avocado en verdeel deze over het geroosterde brood.

c) Beleg elk plakje met een gepocheerd of gebakken ei.

d) Breng op smaak met zout, peper en eventuele optionele toppings die u verkiest.

e) Geniet van je avocado- en eiertoast!

6.Griekse roerei

INGREDIËNTEN:
- Twee eetlepels olijfolie
- Twee grote eieren
- Eén rijpe kerstomaat
- Een snufje zout
- Een snufje zwarte peper

INSTRUCTIES:
a) Neem een grote pan.
b) Voeg de olijfolie toe aan de pan.
c) Voeg de tomaten en het zout toe aan de pan.
d) Kook de tomaten goed en doe dan de zwarte peper in de pan.
e) Breek de eieren in de pan.
f) Roer de ingrediënten goed door elkaar.
g) Serveer als de eieren klaar zijn

7.Griekse gebakken eieren met aardappel en feta

INGREDIËNTEN:
- Twee eetlepels olijfolie
- Twee grote eieren
- Eén gehakte aardappel
- Zestig gram fetakaas
- Een snufje zout
- Een snufje zwarte peper

INSTRUCTIES:
a) Neem een grote pan.
b) Voeg de olijfolie toe aan de pan.
c) Voeg de aardappelen en het zout toe aan de pan.
d) Kook de aardappelen goed en doe dan de zwarte peper in de pan.
e) Breek de eieren in de pan.
f) Voeg de verkruimelde fetakaas erbovenop toe.
g) Kook de ingrediënten aan beide kanten goed.
h) Serveer als de eieren klaar zijn

8.Griekse Sesambroodringen

INGREDIËNTEN:
- Twee kopjes meel
- Drie eetlepels olijfolie
- Twee theelepels zout
- Halve theelepel gist
- Eén theelepel suiker
- Eén kopje sesamzaadjes
- Eén kopje lauw water

INSTRUCTIES:
a) Neem een grote kom.
b) Voeg de suiker, gist en lauw water toe aan de kom.
c) Meng goed en houd opzij tot er belletjes ontstaan.
d) Voeg de bloem en het zout toe aan het mengsel.
e) Kneed het deeg goed en begin met het vormen van ringstructuren uit het deegmengsel.
f) Voeg de sesamzaadjes toe aan de ringen en plaats de ringen op een bakplaat.
g) Bak het gerecht ongeveer dertig minuten.

9.Grieks ontbijt Ladenia

INGREDIËNTEN:
- Twee kopjes meel
- Drie eetlepels olijfolie
- Twee theelepels zout
- Halve theelepel gist
- Eén theelepel suiker
- Eén kopje kerstomaatjes
- Twee theelepels gedroogde oregano
- Een kopje gesneden uien
- Eén kopje lauw water

INSTRUCTIES:
a) Neem een grote kom.
b) Voeg de suiker, gist en lauw water toe aan de kom.
c) Meng goed en houd opzij tot er belletjes ontstaan.
d) Voeg de bloem en het zout toe aan het mengsel.
e) Kneed het deeg goed en begin met het vormen van rond platbrood uit het deegmengsel.
f) Leg de gesneden ui en de kerstomaatjes op het brood en leg het brooddeeg op een bakplaat.
g) Bak het gerecht ongeveer dertig minuten.

10. Griekse ontbijtrijstpudding (Rizogalo)

INGREDIËNTEN:
- Twee kopjes volle melk
- Twee kopjes water
- Vier eetlepels maizena
- Vier eetlepels witte suiker
- Halve kop rijst
- Een kwart theelepel kaneelpoeder

INSTRUCTIES:
a) Neem een grote pan.
b) Voeg het water en de volle melk toe.
c) Laat de vloeistof vijf minuten koken.
d) Voeg de rijst en suiker toe aan het melkmengsel.
e) Kook alle ingrediënten dertig minuten goed, of tot het dik begint te worden.
f) Voeg het kaneelpoeder erbovenop toe.
g) Het gerecht is klaar om geserveerd te worden.

11. Griekse ontbijt eiermuffins

INGREDIËNTEN:
- Half kopje zongedroogde tomaten
- Tien eieren
- Een kwart kopje olijven
- Eén kopje verkruimelde kaas
- Een kwart kopje room

INSTRUCTIES:
a) Neem een grote kom.
b) Voeg alle ingrediënten toe aan de kom.
c) Meng alles goed.
d) Giet het eimengsel in een ingevette muffinvorm.
e) Bak de muffins twintig tot dertig minuten.
f) Schep de muffins uit.
g) Het gerecht is klaar om geserveerd te worden.

12. Grieks ontbijt eierkoekje met groenten en feta

INGREDIËNTEN:
- Twee eetlepels olijfolie
- Twee grote eieren
- Eén rijpe kerstomaat
- Twee kopjes gehakte babyspinazie
- Een kopje gehakte ui
- Eén kopje paprika
- Een kwart kopje verkruimelde fetakaas
- Een snufje zout
- Een snufje zwarte peper

INSTRUCTIES:
a) Neem een grote pan.
b) Voeg de olijfolie toe aan de pan.
c) Voeg de ui en het zout toe aan de pan.
d) Kook de uien goed en voeg dan de zwarte peper toe aan de pan.
e) Voeg de babyspinazie en paprika toe aan het mengsel.
f) Kook de ingrediënten ongeveer vijf minuten goed.
g) Breek de eieren in de pan.
h) Kook de ingrediënten goed.
i) Serveer als de eieren klaar zijn.
j) Garneer het gerecht met verkruimelde fetakaas.

13. Griekse ontbijtpita's

INGREDIËNTEN:
- Twee eetlepels olijfolie
- Twee sneetjes pitabroodje
- Twee grote eieren
- Eén rijpe kerstomaat
- Twee kopjes gehakte babyspinazie
- Een kopje gehakte ui
- Half kopje gehakte basilicum
- Eén kopje paprika
- Een kwart kopje verkruimelde fetakaas
- Een snufje zout
- Een snufje zwarte peper
- Een bosje gehakte koriander

INSTRUCTIES:
a) Neem een grote pan.
b) Voeg de olijfolie toe aan de pan.
c) Voeg de ui en het zout toe aan de pan.
d) Kook de uien goed en doe dan de zwarte peper in de pan.
e) Voeg de babyspinazie en paprika toe aan het mengsel.
f) Kook de ingrediënten ongeveer vijf minuten goed.
g) Breek de eieren in de pan.
h) Kook de ingrediënten goed.
i) Serveer als de eieren klaar zijn.
j) Laat de eieren afkoelen en voeg dan de verkruimelde fetakaas toe
k) erin.
l) Goed mengen.
m) Verwarm het pitabroodje.
n) Snij een gat in het brood en doe het gekookte mengsel erin.
o) Garneer het brood met gehakte koriander.

14. Griekse yoghurtparfait

INGREDIËNTEN:
- 1 kopje Griekse yoghurt
- ½ kopje verse bessen (bijvoorbeeld bosbessen, aardbeien)
- 2 eetlepels honing
- 2 eetlepels gehakte noten (bijvoorbeeld amandelen of walnoten)
- ¼ kopje muesli

INSTRUCTIES:
a) Doe een laagje Griekse yoghurt, verse bessen en honing in een glas of kom.
b) Bestrooi met gehakte noten en granola.
c) Geniet van je heerlijke Griekse yoghurtparfait!

15. Mediterrane omelet

INGREDIËNTEN:
- 2 grote eieren
- ¼ kopje in blokjes gesneden tomaten
- ¼ kopje in blokjes gesneden paprika
- ¼ kopje in blokjes gesneden rode ui
- 2 eetlepels fetakaas
- 1 eetlepel olijfolie
- Verse kruiden (bijvoorbeeld peterselie of oregano)
- Zout en peper naar smaak

INSTRUCTIES:
a) Verhit olijfolie in een koekenpan op middelhoog vuur.
b) Fruit de in blokjes gesneden groenten tot ze gaar zijn.
c) Klop de eieren los in een kom en giet ze in de koekenpan.
d) Kook tot de eieren gestold zijn en bestrooi met fetakaas, kruiden, zout en peper.
e) Vouw de omelet dubbel en serveer warm.

16. Ontbijtwrap met spinazie en feta

INGREDIËNTEN:
- 2 grote eieren
- 1 kop verse spinazieblaadjes
- 2 eetlepels verkruimelde fetakaas
- 1 volkoren tortilla
- 1 eetlepel olijfolie
- Zout en peper naar smaak

INSTRUCTIES:

a) Verhit olijfolie in een koekenpan op middelhoog vuur.

b) Voeg verse spinazieblaadjes toe en kook tot ze verwelkt zijn.

c) Klop de eieren los in een kom en doe ze samen met de spinazie in de pan.

d) Strooi fetakaas over de eieren en kook tot deze lichtjes gesmolten is.

e) Doe het mengsel van eieren en spinazie in een volkoren tortilla, rol deze op en serveer als wrap.

GRIEKSE SNACKS

17.Griekse Tzatziki-dip

INGREDIËNTEN:
- Anderhalf kopje Griekse yoghurt
- Een eetlepel gehakte verse dille
- Halve gesneden komkommer
- Twee eetlepels olijfolie
- Halve theelepel zout
- Twee theelepels gehakte knoflook
- Een eetlepel witte azijn

INSTRUCTIES:
a) Neem een grote kom.
b) Voeg alle gedroogde ingrediënten toe aan de kom.
c) Meng goed en zet tien minuten in de koelkast.
d) Voeg de natte ingrediënten toe aan de kom.
e) Goed mengen.

18. Griekse gebakken kaas

INGREDIËNTEN:
- Een pond harde kaas
- Plantaardige olie
- Eén kopje bloem voor alle doeleinden

INSTRUCTIES:
a) Snijd de kaas in plakjes.
b) Doop het in bloem voor alle doeleinden.
c) Neem een grote koekenpan.
d) Voeg olie toe aan de pan en verwarm goed.
e) Voeg de plakjes kaas toe en frituur tot ze goudbruin zijn.

19.Griekse frietjes

INGREDIËNTEN:
- Een pond roodbruine aardappelen
- Plantaardige olie
- Eén kopje bloem voor alle doeleinden
- Eén kopje verkruimelde fetakaas
- Eén kopje salsa

INSTRUCTIES:
a) Snijd de aardappelen in staafjes.
b) Dompel het in bloem voor alle doeleinden.
c) Neem een grote koekenpan.
d) Voeg olie toe aan de pan en verwarm goed.
e) Voeg de aardappelsticks toe en frituur tot ze goudbruin zijn.
f) Verdeel de frietjes en schep de salsa en fetakaas erbovenop.

20.Griekse Feta-dip

INGREDIËNTEN:
- Anderhalf kopje Griekse yoghurt
- Een eetlepel gehakte verse dille
- Halfgehakte fetakaas
- Twee eetlepels olijfolie
- Halve theelepel zout
- Twee theelepels gehakte knoflook
- Een eetlepel witte azijn

INSTRUCTIES:
a) Neem een grote kom.
b) Voeg alle gedroogde ingrediënten toe aan de kom.
c) Meng goed en zet tien minuten in de koelkast.
d) Voeg de natte ingrediënten toe aan de kom.
e) Goed mengen.

21.Mediterrane fruitsalade

INGREDIËNTEN:
- 2 kopjes watermeloen, in blokjes
- 2 kopjes komkommer, in blokjes gesneden
- 1 kopje fetakaas, verkruimeld
- ¼ kopje verse muntblaadjes of basilicum, gehakt
- 1 eetlepel extra vergine olijfolie
- 1 eetlepel balsamicoazijn
- Zout en peper naar smaak

INSTRUCTIES:
a) Meng in een grote kom de watermeloen, komkommer en fetakaas.
b) Meng in een kleine kom olijfolie en balsamicoazijn.
c) Druppel de dressing over de salade en roer voorzichtig door elkaar.
d) Bestrooi met gehakte muntblaadjes of basilicum.
e) Breng op smaak met zout en peper.
f) Zet het 30 minuten in de koelkast voordat u het serveert.

22. Calamares met rozemarijn en chili-olie

INGREDIËNTEN:
- Extra vergine olijfolie
- 1 bosje verse rozemarijn
- 2 hele rode pepers, zonder zaadjes en fijngehakt. 150 ml slagroom
- 3 eierdooiers
- 2 Eetlepels geraspte Parmezaanse kaas
- 2 eetlepels gewone bloem
- Zout en versgemalen zwarte peper
- 1 teentje knoflook, gepeld en geplet
- 1 theelepel gedroogde oregano
- Plantaardige olie om te frituren
- 6 Inktvis, schoongemaakt en in ringen gesneden
- Zout

INSTRUCTIES:

a) Om de dressing te maken, verwarm de olijfolie in een kleine pan en roer de rozemarijn en chili erdoor. Verwijder uit de vergelijking.

b) Klop in een grote mengkom de room, eierdooiers, Parmezaanse kaas, bloem, knoflook en oregano door elkaar. Meng tot het beslag glad is. Breng op smaak met zwarte peper, versgemalen.

c) Verwarm de olie tot 200°C om te frituren, of tot een blokje brood in 30 seconden bruin kleurt.

d) Dompel de inktvisringen één voor één in het beslag en plaats ze voorzichtig in de olie. Kook tot ze goudbruin zijn, ongeveer 2-3 minuten.

e) Laat ze uitlekken op keukenpapier en serveer onmiddellijk met de dressing erover gegoten. Indien nodig op smaak brengen met zout.

23.Griekse Auberginedip

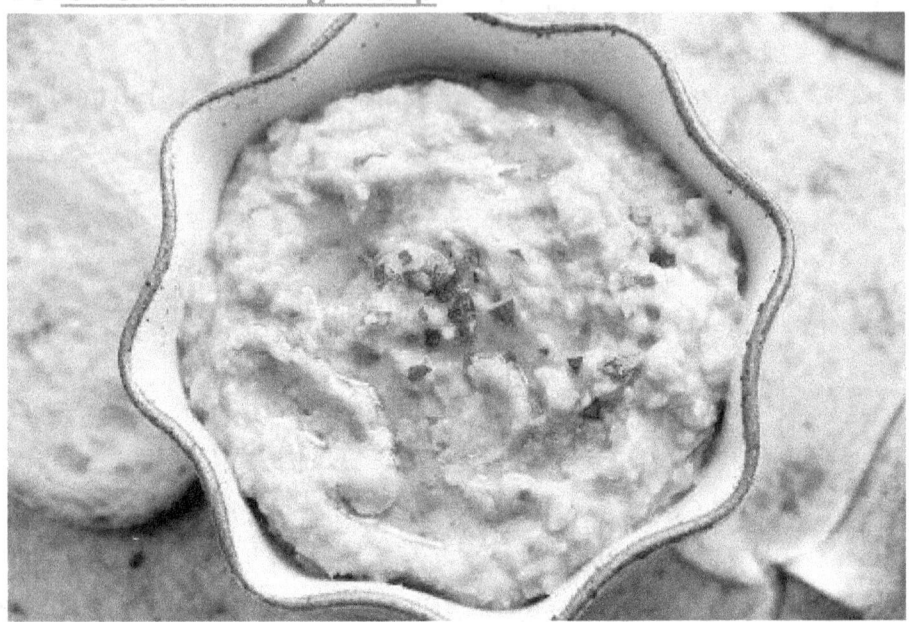

INGREDIËNTEN:
- Anderhalf kopje Griekse yoghurt
- Een eetlepel gehakte verse dille
- Halfgehakte geroosterde aubergine
- Twee eetlepels olijfolie
- Halve theelepel zout
- Twee theelepels gehakte knoflook

INSTRUCTIES:
a) Neem een grote kom.
b) Voeg alle ingrediënten toe en meng goed.
c) Garneer het gerecht met verse dille.

24. Griekse Spanakopita-loempia's

INGREDIËNTEN:
- Eén pakje loempiaverpakkingen
- Plantaardige olie
- **VOOR HET VULLEN:**
- Eén kopje fetakaas
- Vier eieren
- Halve theelepel vers geraspte nootmuskaat
- Een snufje zout
- Eén eetlepel olijfolie
- Een kwart kopje gehakte ui
- Een theelepel gehakte knoflook
- Eén eetlepel melk
- Half kopje gehakte spinazie
- Een snufje gemalen zwarte peper

INSTRUCTIES:
a) Neem een grote pan.
b) Voeg de olijfolie toe aan de pan.
c) Voeg de uien en knoflook toe als de olie warm wordt.
d) Kook de uien tot ze zacht worden.
e) Meng de eieren en doe de gehakte spinazie in de pan.
f) Kook de ingrediënten tot de spinazie geslonken is.
g) Voeg de fetakaas, melk, zwarte peper, zout en vers geraspte nootmuskaat toe aan de pan.
h) Kook de ingrediënten ongeveer vijf minuten.
i) Zet het vuur uit en laat het mengsel afkoelen.
j) Doe het mengsel op de loempiavelletjes en rol het op.
k) Frituur de loempia's tot ze goudbruin zijn.
l) Serveer de spanakopita als deze klaar is.

25.Griekse Tortilla Pinwheels

INGREDIËNTEN:
- Eén pakje tortilla's
- Plantaardige olie

VOOR HET VULLEN:
- Eén kopje fetakaas
- Eén pond rundergehakt
- Halve theelepel vers geraspte nootmuskaat
- Een snufje zout
- Eén eetlepel olijfolie
- Een kwart kopje gehakte ui
- Een theelepel gehakte knoflook
- Eén eetlepel melk
- Half kopje gehakte spinazie
- Een snufje gemalen zwarte peper

INSTRUCTIES:
a) Neem een grote pan.
b) Voeg de olijfolie toe aan de pan.
c) Voeg de uien en knoflook toe als de olie warm wordt.
d) Kook de uien tot ze zacht worden.
e) Meng het rundvlees en doe de gehakte spinazie in de pan.
f) Kook de ingrediënten tot de spinazie geslonken is.
g) Voeg de fetakaas, melk, zwarte peper, zout en vers geraspte nootmuskaat toe aan de pan.
h) Kook de ingrediënten ongeveer vijf minuten.
i) Zet het vuur uit en laat het mengsel afkoelen.
j) Giet het mengsel op de tortilla's en rol het op.
k) Bak de vuurraderen tot ze goudbruin zijn.
l) Verdeel de vuurraderen als ze klaar zijn.

26. Griekse gevulde komkommerhapjes

INGREDIËNTEN:
- Een pond komkommer

VOOR HET VULLEN:
- Eén kopje fetakaas
- Eén pond kippengehakt
- Halve theelepel vers geraspte nootmuskaat
- Een snufje zout
- Eén eetlepel olijfolie
- Een kwart kopje gehakte ui
- Een theelepel gehakte knoflook
- Een snufje gemalen zwarte peper
- Frisse munt

INSTRUCTIES:
a) Neem een grote pan.
b) Voeg de olijfolie toe aan de pan.
c) Voeg de uien en knoflook toe als de olie warm wordt.
d) Kook de uien tot ze zacht worden.
e) Meng de kip in de pan.
f) Voeg de fetakaas, zwarte peper, zout en vers geraspte nootmuskaat toe aan de pan.
g) Kook de ingrediënten ongeveer vijf minuten.
h) Zet het vuur uit en laat het mengsel afkoelen.
i) Voeg het mengsel toe aan de komkommerstukjes.
j) Garneer het gerecht met gehakte muntblaadjes.

27.Pittig gekruide aardappelen

INGREDIËNTEN:
- 3 eetlepels olijfolie
- 4 Roodbruine aardappelen, geschild, in blokjes
- 2 eetlepels gehakte ui
- 2 teentjes knoflook, fijngehakt
- Zout en versgemalen zwarte peper
- 1 1/2 eetlepel Spaanse paprika
- 1/4 theelepel Tabascosaus
- 1/4 theelepel gemalen tijm
- 1/2 kopje Ketchup
- 1/2 kop mayonaise
- Gehakte peterselie, om te garneren
- 1 kopje olijfolie, om te frituren

INSTRUCTIES:
DE BRAVA SAUS:
a) Verhit 3 eetlepels olijfolie in een pan op middelhoog vuur. Fruit de ui en knoflook tot de ui zacht is.
b) Haal de pan van het vuur en klop de paprika, tabascosaus en tijm erdoor.
c) Meng de ketchup en mayonaise in een mengkom.
d) Naar smaak op smaak brengen met zout en peper. Verwijder uit de vergelijking.

DE AARDAPPELEN:
e) Kruid de aardappelen lichtjes met zout en zwarte peper.
f) Bak de aardappelen in 1 kop (8 fl. oz.) olijfolie in een grote koekenpan tot ze goudbruin en gaar zijn, af en toe roerend.
g) Laat de aardappelen uitlekken op keukenpapier, proef ze en breng indien nodig op smaak met extra zout.
h) Om de aardappelen knapperig te houden, meng je ze vlak voor het serveren met de saus.
i) Serveer warm, gegarneerd met gehakte peterselie.

28.Griekse Salade Cracker

INGREDIËNTEN:
VOOR DE DRESSING:
- Een halve theelepel koosjer zout
- Twee theelepels versgemalen zwarte peper
- Een kwart kopje rode wijnazijn
- Half kopje olijfolie
- Twee eetlepels gehakte knoflook
- Twee theelepels verse oregano
- Halve theelepel gedroogde oregano

VOOR SALADE:
- Eén kopje fetakaas
- Een half pond knäckebröd
- Halve theelepel gehakte knoflook
- Twee eetlepels olijfolie
- Half kopje Kalamata-olijven
- Een kopje roodoranje paprika
- Een kopje Engelse komkommer
- Eén kopje kerstomaatjes

INSTRUCTIES:
a) Neem een klein kommetje. Voeg de olijfolie en de gehakte knoflook eraan toe.
b) Meng de sneetjes brood erdoor.
c) Bak de plakjes tien minuten.
d) Serveer de sneetjes brood als ze klaar zijn.
e) Neem een grote kom. Voeg de Engelse komkommer, Kalamata-olijven, roodoranje paprika, kerstomaatjes en fetakaas toe aan de kom.
f) Meng alles goed en zet het opzij.
g) Neem een klein kommetje.
h) Voeg de olijfolie, rode wijnazijn, koosjer zout, gehakte knoflook, vers gemalen zwarte peper, verse oregano en gedroogde oregano toe.
i) Meng alles goed.
j) Giet deze dressing over de bereide salade.
k) Meng alles goed en doe het bovenop de geroosterde sneetjes brood.

29.Griekse pitabroodhapjes

INGREDIËNTEN:
- Een pond pitabroodjes
- Plantaardige olie
- Eén kopje bloem voor alle doeleinden
- Eén kopje verkruimelde fetakaas
- Eén kopje salsa

INSTRUCTIES:
a) Snij het pitabroodje in hapklare stukjes.
b) Doop het in bloem voor alle doeleinden.
c) Neem een grote koekenpan.
d) Voeg olie toe aan de pan en verwarm goed.
e) Voeg het pitabroodje toe en frituur tot ze goudbruin zijn.
f) Verdeel het brood en schep de salsa en fetakaas erover.

30.Griekse Courgetteballetjes (Kolokithokeftedes)

INGREDIËNTEN:
- Eén gehakte rode ui
- Twee fijngehakte teentjes knoflook
- Een snufje zout
- Een snufje zwarte peper
- Half kopje muntblaadjes
- Twee kopjes geraspte courgette
- Halve theelepel oregano
- Een ei
- Twee eetlepels olijfolie
- Eén kopje Griekse yoghurt

INSTRUCTIES:
a) Neem een grote kom.
b) Voeg de geraspte courgette, kruiden, munt, ui, knoflook en ei toe aan de kom.
c) Meng alle ingrediënten goed en vorm ronde balstructuren.
d) Bak de courgetteballetjes in olijfolie tot ze goudbruin zijn.
e) Schep de balletjes uit.
f) Serveer de courgetteballetjes met Griekse yoghurt apart.

31. Baklava Energiebeten

INGREDIËNTEN:
- 1 kop gehakte noten (bijvoorbeeld walnoten, amandelen)
- ¼ kopje gerolde haver
- 2 eetlepels honing
- ½ theelepel gemalen kaneel
- ¼ theelepel gemalen kruidnagel
- ¼ theelepel vanille-extract
- 1 eetlepel fijngehakte gedroogde abrikozen (optioneel)

INSTRUCTIES:

a) Meng in een keukenmachine de gehakte noten en de havermout. Pulseer tot het fijngemalen is.

b) Voeg honing, kaneel, kruidnagel en vanille-extract toe. Meng tot het mengsel aan elkaar plakt.

c) Meng indien gewenst de gehakte gedroogde abrikozen erdoor.

d) Rol het mengsel in hapklare balletjes.

e) Zet het ongeveer 30 minuten in de koelkast voordat u het serveert.

32.Garnaal gamba's

INGREDIËNTEN:
- 1/2 kopje olijfolie
- Sap van 1 citroen
- 2 theelepels zeezout
- 24 middelgrote garnalen , in de schaal met intacte koppen

INSTRUCTIES:
a) Meng de olijfolie, het citroensap en het zout in een mengkom en klop tot alles goed gemengd is. Om de garnalen lichtjes te bedekken, dompelt u ze een paar seconden in het mengsel.
b) Verhit de olie in een droge koekenpan op hoog vuur. Werk in batches en voeg de garnalen in een enkele laag toe zonder de pan te verdringen als deze erg heet is. 1 minuut aanbraden
c) Zet het vuur middelhoog en kook nog een minuut. Zet het vuur hoog en bak de garnalen nog 2 minuten, of tot ze goudbruin zijn.
d) Houd de garnalen warm in een lage oven op een ovenvast bord.
e) Kook de overige garnalen op dezelfde manier.

33. Mediterraan geïnspireerde trailmix

INGREDIËNTEN:
- 1 kopje rauwe amandelen
- 1 kop rauwe cashewnoten
- 1 kop ongezouten pistachenoten
- ½ kopje gedroogde abrikozen, gehakt
- ½ kopje gedroogde vijgen, gehakt
- ¼ kopje gouden rozijnen
- ¼ kopje zongedroogde tomaten, gehakt
- 1 eetlepel olijfolie
- ½ theelepel gemalen komijn
- ½ theelepel paprikapoeder
- ¼ theelepel zeezout
- ¼ theelepel zwarte peper

INSTRUCTIES:

a) Verwarm uw oven voor op 163°C (325°F).

b) Meng de amandelen, cashewnoten en pistachenoten in een grote kom.

c) Meng in een kleine kom de olijfolie, gemalen komijn, paprikapoeder, zeezout en zwarte peper.

d) Sprenkel het kruidenmengsel over de noten en meng het gelijkmatig.

e) Verdeel de gekruide noten in een enkele laag op een bakplaat.

f) Rooster de noten in de voorverwarmde oven gedurende 10-15 minuten, of tot ze licht geroosterd zijn. Zorg ervoor dat u ze af en toe roert om een gelijkmatige braadtijd te garanderen.

g) Zodra de noten geroosterd zijn, haalt u ze uit de oven en laat u ze volledig afkoelen.

h) Meng in een grote mengkom de geroosterde noten met de gehakte gedroogde abrikozen, vijgen, gouden rozijnen en zongedroogde tomaten.

i) Gooi alles bij elkaar om uw mediterrane trailmix te creëren.

j) Bewaar de trailmix in een luchtdichte verpakking, zodat je onderweg kunt snacken.

34. Datum- en pistachehapjes

INGREDIËNTEN:
- 12 Medjool dadels, ontpit
- ½ kopje gepelde pistachenoten
- 2 eetlepels roomkaas of geitenkaas
- 1 theelepel honing
- ½ theelepel gemalen komijn
- ¼ theelepel gemalen paprikapoeder
- Zout en zwarte peper naar smaak
- Verse peterselieblaadjes voor garnering (optioneel)

INSTRUCTIES:

a) Pureer de gepelde pistachenoten in een keukenmachine tot ze fijngehakt zijn. Doe ze over in een ondiepe kom en zet opzij.

b) Meng in dezelfde keukenmachine de roomkaas (of geitenkaas), honing, gemalen komijn, gemalen paprika, zout en zwarte peper. Meng tot het mengsel glad en goed gemengd is.

c) Open voorzichtig elke ontpitte dadel, zodat er een klein zakje ontstaat.

d) Neem ongeveer 1 theelepel van het kaasmengsel en stop dit in elke dadel, zodat de zak gevuld wordt.

e) Rol de dadels na het vullen door de gehakte pistachenoten en zorg ervoor dat de pistachenoten aan het kaasmengsel blijven plakken.

f) Plaats de gevulde en gecoate dadels op een serveerschaal.

g) Garneer indien gewenst met verse peterselieblaadjes voor een vleugje groen.

h) Serveer je hartige dadel- en pistachehapjes meteen, of bewaar ze in de koelkast tot je klaar bent om ervan te genieten.

35.Aubergines met honing

INGREDIËNTEN:
- 3 eetlepels honing
- 3 aubergines
- 2 kopjes Melk
- 1 Eetlepels zout
- 1 Eetlepels peper
- 100 g bloem
- 4 Eetlepels Olijfolie

INSTRUCTIES:
a)   Snijd de aubergine in dunne plakjes.
b)   Meng de aubergines in een mengschaal. Giet voldoende melk in het bakje om de aubergines volledig te bedekken. Breng op smaak met een snufje zout.
c)   Laat minimaal een uur weken.
d)   Haal de aubergines uit de melk en zet ze opzij. Bestrijk elk plakje met bloem. Bestrijk ze met een zout-en-pepermengsel.
e)   Verhit de olijfolie in een pan. Frituur de aubergineplakken op 180 graden C.
f)   Leg de gebakken aubergines op keukenpapier om overtollige olie te absorberen.
g)   Besprenkel de aubergines met honing.
h)   Dienen.

GRIEKSE LUNCH

36.Griekse klassieke citroenaardappelen

INGREDIËNTEN:
- Eén kopje ui
- Eén kopje groentebouillon
- Halve theelepel gerookte paprika
- Twee eetlepels Dijon-mosterd
- Twee theelepels witte suiker
- Twee eetlepels olijfolie
- Twee kopjes tomatenpuree
- Een eetlepel gedroogde rozemarijn
- Een snufje zout
- Een snufje zwarte peper
- Een theelepel gedroogde tijm
- Een pond bloemkoolroosjes
- Twee eetlepels gehakte knoflook
- Half kopje droge witte wijn
- Half kopje citroensap
- Half kopje koriander

INSTRUCTIES:
a) Neem een grote pan.
b) Voeg de olijfolie en de plakjes ui eraan toe.
c) Bak de plakjes ui en serveer deze vervolgens.
d) Voeg de knoflook, aardappelstukjes, citroensap en kruiden toe aan de pan.
e) Kook de aardappelstukjes in de kruiden gedurende vijf tot tien minuten.
f) Voeg de overige ingrediënten toe aan het mengsel.
g) Kook het mengsel totdat het begint te koken.
h) Zet het vuur laag en dek de pan af met een deksel.
i) Verwijder na tien minuten het deksel.
j) Controleer de aardappelen voordat u ze uitdeelt.
k) Verkruimel de gekookte uienplakken erboven voordat u ze serveert.

37. Griekse salade

INGREDIËNTEN:
VOOR DE DRESSING:
- Een halve theelepel koosjer zout
- Twee theelepels versgemalen zwarte peper
- Een kwart kopje rode wijnazijn
- Half kopje olijfolie
- Twee eetlepels gehakte knoflook
- Twee theelepels verse oregano
- Halve theelepel gedroogde oregano

VOOR SALADE:
- Eén kopje fetakaas
- Half kopje Parmezaanse kaas
- Een half pond sneetjes brood
- Halve theelepel gehakte knoflook
- Twee eetlepels olijfolie
- Half kopje Kalamata-olijven
- Een kopje roodoranje paprika
- Een kopje Engelse komkommer
- Eén kopje kerstomaatjes

INSTRUCTIES:
a) Neem een klein kommetje.
b) Voeg de olijfolie en de gehakte knoflook eraan toe.
c) Meng het goed en verdeel het over de sneetjes brood.
d) Voeg de Parmezaanse kaas toe bovenop de plakjes.
e) Bak de plakjes tien minuten.
f) Serveer de sneetjes brood als ze klaar zijn.
g) Neem een grote kom.
h) Voeg de Engelse komkommer, Kalamata-olijven, roodoranje paprika, kerstomaatjes en fetakaas toe aan de kom.
i) Meng alles goed en zet het opzij.
j) Neem een klein kommetje.
k) Voeg de olijfolie, rode wijnazijn, koosjer zout, gehakte knoflook, vers gemalen zwarte peper, verse oregano en gedroogde oregano toe.
l) Meng alles goed.
m) Giet deze dressing over de bereide salade.
n) Meng alles goed en voeg de geroosterde sneetjes brood apart toe.

38. Griekse Kipgyros

INGREDIËNTEN:
- Vier platbrood
- Half kopje groentebouillon
- Een kwart kopje citroensap
- Een kopje tzatziki-saus
- Half kopje gesneden rode ui
- Half kopje gesneden tomaten
- Half kopje Romeinse sla
- Een eetlepel gehakte knoflook
- Eén kopje tomatenpuree
- Twee eetlepels olijfolie
- Een eetlepel knoflookpoeder
- Een eetlepel gedroogde tijm
- Een halve theelepel gemalen kaneel
- Twee eetlepels chilipoeder
- Een kwart theelepel verse nootmuskaat
- Een snufje zeezout
- Twee kopjes stukjes kip

INSTRUCTIES:
a) Neem een grote pan.
b) Voeg de olijfolie en knoflook toe aan de pan.
c) Voeg de oregano, tomatenpuree, gerookte paprika, nootmuskaat, chilipoeder, tijm en zout toe.
d) Voeg de groentebouillon, het citroensap en de stukjes kip toe aan de pan.
e) Kook de ingrediënten ongeveer vijftien minuten goed.
f) Bak de flatbreads ongeveer twee tot drie minuten.
g) Snij de flatbreads ertussen door zodat er een buidelstructuur ontstaat.
h) Voeg het gekookte mengsel toe aan het flatbread en beleg het met tzatziki-saus, romaine sla, gesneden tomaten en rode uien.

39. Griekse Gehaktballetjes

INGREDIËNTEN:
- Eén gehakte rode ui
- Twee fijngehakte teentjes knoflook
- Een snufje zout
- Een snufje zwarte peper
- Half kopje muntblaadjes
- Twee kopjes rundergehakt
- Halve theelepel oregano
- Een ei
- Twee eetlepels olijfolie
- Eén kopje Griekse yoghurt

INSTRUCTIES:
a) Neem een grote kom.
b) Voeg het rundergehakt, de kruiden, de munt, de ui, de knoflook en het ei toe aan de kom.
c) Meng alle ingrediënten goed en vorm ronde balstructuren.
d) Bak de gehaktballetjes in olijfolie tot ze goudbruin zijn.
e) Schep de gehaktballetjes uit.
f) Serveer de gehaktballetjes met Griekse yoghurt ernaast.

40. Griekse gevulde paprika's

INGREDIËNTEN:
- Half kopje gekookte rijst
- Eén kopje tomatenpuree
- Twee eetlepels ongezouten boter
- Drie eetlepels kristalsuiker
- Half kopje gehakte wortelen
- Een theelepel gehakte gember
- Twee kopjes gemengde kaas
- Gehakte verse peterselie
- Twee eetlepels olijfolie
- Een pond groene paprika
- Twee kopjes tomaten
- Een snufje zout
- Een snufje zwarte peper
- Twee kopjes gehakte aardappelen
- Een kopje gehakte rode uien
- Een eetlepel gehakte knoflook
- Half kopje gehakte courgette

INSTRUCTIES:
a) Neem een grote pan.
b) Voeg de boter en de gehakte uien toe aan de pan.
c) Kook de ui tot hij zacht wordt.
d) Voeg de knoflook en gember toe, evenals de gehakte courgette, gehakte aardappelen, tomaten, tomatenpuree en gehakte wortels.
e) Kook de groenten ongeveer tien minuten goed.
f) Voeg de kristalsuiker, gekookte rijst, zout en peper toe.
g) Meng alles goed en serveer.
h) Maak de paprika's van binnen schoon en voeg het gekookte mengsel eraan toe.
i) Voeg de gemengde kaas toe en leg de paprika's op een ingevette bakplaat.
j) Bak de paprika's tot de kaas licht goudbruin kleurt.
k) Garneer de paprika's met vers gehakte peterselieblaadjes.

41. Griekse Bonensoep

INGREDIËNTEN:
- Half kopje gehakte verse tijm
- Half kopje gehakte verse oregano
- Half kopje gehakte verse bieslook
- Een theelepel gemengd kruidenpoeder
- Halve theelepel gerookte paprika
- Eén laurierblad
- Een snufje zout
- Een snufje zwarte peper
- Twee eetlepels olijfolie
- Eén pond bonen
- Halve eetlepel gehakte knoflook
- Twee kopjes gehakte tomaten
- Een kopje gehakte uien
- Een kopje gehakte peterselie
- Eén kopje groentebouillon
- Eén kopje water

INSTRUCTIES:
a) Neem een grote pan.
b) Voeg de gehakte uien en olijfolie eraan toe.
c) Meng de ingrediënten goed.
d) Voeg de gehakte knoflook toe aan de pan.
e) Voeg de tomaten, oregano, laurier, zout, zwarte peper, tijm, gerookte paprika toe, meng kruidenpoeder en bieslook in de pan.
f) Kook de ingrediënten goed.
g) Voeg de bonen toe aan het mengsel.
h) Voeg de groentebouillon en het water toe aan de pan.
i) Meng de soep goed.
j) Plaats een deksel op de pan.
k) Kook de soep tien tot vijftien minuten.
l) Serveer de soep als de bonen gaar zijn.
m) Garneer het gerecht met gehakte peterselie erbovenop.

42.Griekse geroosterde sperziebonen

INGREDIËNTEN:
- Een snufje zout
- Een snufje zwarte peper
- Vier kopjes in blokjes gesneden sperziebonen
- Een kopje gehakte ui
- Een halve eetlepel gehakte knoflook,
- Drie eetlepels olijfolie
- Twee eetlepels kristalsuiker
- Twee eetlepels gehakte peterselie
- Een eetlepel gerookte paprika
- Twee eetlepels verse oregano
- Twee eetlepels verse tijm
- Half kopje groentebouillon
- Een kopje gehakte tomaten

INSTRUCTIES:
a) Neem een grote pan.
b) Voeg er de gehakte uien en olijfolie aan toe.
c) Meng de ingrediënten goed.
d) Voeg de gehakte knoflook toe aan de pan.
e) Voeg de tomaten, oregano, zout, zwarte peper, kristalsuiker, tijm en gerookte paprika toe aan de pan.
f) Kook de ingrediënten goed.
g) Voeg de in blokjes gesneden sperziebonen toe aan het mengsel.
h) Voeg de groentebouillon toe aan de pan.
i) Meng de ingrediënten goed.
j) Plaats een deksel op de pan.
k) Kook de sperziebonen tien tot vijftien minuten.
l) Serveer het eten als de sperziebonen gaar zijn.
m) Garneer het gerecht met gehakte peterselie erbovenop.

43. Griekse Linzensoep

INGREDIËNTEN:
- Een snufje zout
- Een snufje zwarte peper
- Twee eetlepels olijfolie
- Een pond gemengde linzen
- Halve eetlepel gehakte knoflook
- Twee kopjes gehakte tomaten
- Half kopje gehakte verse tijm
- Half kopje gehakte verse oregano
- Half kopje gehakte verse bieslook
- Een theelepel gemengd kruidenpoeder
- Halve theelepel gerookte paprika
- Eén laurierblad
- Een kopje gehakte uien
- Een kopje gehakte peterselie
- Eén kopje groentebouillon
- Eén kopje water

INSTRUCTIES:
a) Neem een grote pan.
b) Voeg de gehakte uien en olijfolie eraan toe.
c) Meng de ingrediënten goed.
d) Voeg de gehakte knoflook toe aan de pan.
e) Voeg de tomaten, oregano, laurier, zout, zwarte peper, tijm, gerookte paprika toe, meng kruidenpoeder en bieslook in de pan.
f) Kook de ingrediënten goed.
g) Voeg de linzen toe aan het mengsel.
h) Voeg de groentebouillon en het water toe aan de pan.
i) 9. Meng de soep goed.
j) Plaats een deksel op de pan.
k) Kook de soep tien tot vijftien minuten.
l) Serveer de soep als de linzen gaar zijn.
m) Garneer het gerecht met gehakte peterselie erbovenop.

44. Griekse Kikkererwtensoep

INGREDIËNTEN:
- Een kopje gehakte uien
- Een kopje gehakte peterselie
- Eén kopje groentebouillon
- Eén kopje water
- Een snufje zout
- Een snufje zwarte peper
- Twee eetlepels olijfolie
- Een pond kikkererwten
- Halve eetlepel gehakte knoflook
- Twee kopjes gehakte tomaten
- Half kopje gehakte verse tijm
- Half kopje gehakte verse oregano
- Half kopje gehakte verse bieslook
- Een theelepel gemengd kruidenpoeder
- Halve theelepel gerookte paprika
- Eén laurierblad

INSTRUCTIES:
a) Neem een grote pan.
b) Voeg de gehakte uien en olijfolie eraan toe.
c) Meng de ingrediënten goed.
d) Voeg de gehakte knoflook toe aan de pan.
e) Voeg de tomaten, oregano, laurier, zout, zwarte peper, tijm, gerookte paprika toe, meng kruidenpoeder en bieslook in de pan.
f) Kook de ingrediënten goed.
g) Voeg de kikkererwten toe aan het mengsel.
h) Voeg de groentebouillon en het water toe aan de pan.
i) Meng de soep goed.
j) Plaats een deksel op de pan.
k) Kook de soep tien tot vijftien minuten.
l) Serveer de soep als de kikkererwten gaar zijn.
m) Garneer het gerecht met gehakte peterselie erbovenop.

45. Griekse Souvlaki

INGREDIËNTEN:
- Een halve eetlepel gehakte knoflook,
- Drie eetlepels olijfolie
- Twee eetlepels kristalsuiker
- Twee eetlepels gehakte peterselie
- Een eetlepel gerookte paprika
- Twee eetlepels verse oregano
- Twee eetlepels verse tijm
- Half kopje gehakte verse bieslook
- Een theelepel gemengd kruidenpoeder
- Halve theelepel gerookte paprika
- Een pond kippendijen
- Pita brood

INSTRUCTIES:
a) Neem een grote kom.
b) Voeg alle ingrediënten toe in de kom.
c) Meng de marinade goed.
d) Rooster de stukken kip boven een grillpan.
e) Serveer wanneer de stukken kip aan beide kanten goudbruin zijn.
f) Serveer de souvlaki met pitabroodje ernaast.

46. Griekse rundvlees- en auberginelasagne (Moussaka)

INGREDIËNTEN:
- Een eetlepel gehakte knoflook
- Twee eetlepels verse gehakte dille
- Eén kopje fetakaas
- Twee kopjes rundergehakt
- Een snufje zout
- Een snufje gemalen zwarte peper
- Een kopje auberginestukjes
- Twee eetlepels olijfolie
- Drie kopjes babyspinazie
- Twee kopjes roodbruine aardappelen
- Een kopje gehakte uien
- Twee kopjes tomatensaus
- Twee kopjes bechamelsaus

INSTRUCTIES:
a) Neem een grote kom.
b) Doe de aubergine, het rundergehakt, de aardappelen en de babyspinazie in een kom.
c) Meng de olijfolie, het zout en de gemalen zwarte peper in de kom.
d) Bak de ingrediënten ongeveer twintig minuten in de oven.
e) Neem een grote pan.
f) Voeg de olijfolie en ui toe aan de pan.
g) Kook de uien tot ze zacht worden.
h) Voeg de gehakte knoflook toe aan de pan.
i) Kook de ingrediënten goed.
j) Voeg de fetakaas, het zout en de zwarte peper toe aan de pan.
k) Meng alle ingrediënten goed en voeg de gehakte dille toe
l) pan.
m) Voeg het gebakken rundvlees en de groenten toe aan de pan en meng
n) alles goed.
o) Voeg de tomatensaus en de bechamelsaus toe aan het groentemengsel.
p) Bak nog tien minuten.

47. Mediterrane kikkererwtensalade

INGREDIËNTEN:
- 2 blikjes (elk 15 ons) kikkererwten, uitgelekt en afgespoeld
- 1 kop kerstomaatjes, gehalveerd
- 1 komkommer, in blokjes gesneden
- ½ rode ui, fijngehakt
- ¼ kopje Kalamata-olijven, ontpit en in plakjes gesneden
- ¼ kopje fetakaas, verkruimeld
- 2 eetlepels extra vergine olijfolie
- 2 eetlepels rode wijnazijn
- 1 theelepel gedroogde oregano
- Zout en peper naar smaak

INSTRUCTIES:

a) Meng in een grote slakom de kikkererwten, kerstomaatjes, komkommer, rode ui en Kalamata-olijven.

b) Meng in een kleine kom de olijfolie, rode wijnazijn, gedroogde oregano, zout en peper.

c) Druppel de dressing over de salade en roer door elkaar.

d) Bestrooi met verkruimelde fetakaas.

e) Serveer gekoeld en geniet ervan!

48. Citroenkruidkip met Quinoa en Perzik

INGREDIËNTEN:
VOOR DE CITROENKRUIDENKIP:
- 1 kleine kippendij (3 oz, zonder bot, zonder vel)
- ¼ citroen, uitgeperst
- ¼ theelepel paprikapoeder
- Zout en peper naar smaak
- Canola- of plantaardige olie om te grillen

VOOR DE SALADE MET QUINOA EN PERZIK:
- 1 kopje gekookte quinoa
- 1 grote perzik, zonder klokhuis en gehakt
- 2 eetlepels verse basilicum, gescheurd
- 10 pecannoothelften, gehakt
- 1 theelepel olijfolie

INSTRUCTIES:
VOOR DE CITROENKRUIDENKIP:
a) Meng in een kleine kom het citroensap, de paprikapoeder, het zout en de peper tot een marinade.

b) Doe de kippendij in een hersluitbare plastic zak of een ondiepe schaal en giet de marinade erover.

c) Sluit de zak of dek de schaal af en marineer de kip minimaal 30 minuten in de koelkast, of langer voor meer smaak.

d) Verwarm een grill- of grillpan voor op middelhoog vuur en bestrijk deze met canola- of plantaardige olie.

e) Grill de kippendij ongeveer 6-7 minuten per kant, of tot hij gaar is en grillsporen vertoont.

f) Haal de kip van de grill en laat hem een paar minuten rusten voordat je hem aansnijdt.

VOOR DE SALADE MET QUINOA EN PERZIK:
g) Meng in een aparte kom de gekookte quinoa, de gehakte perzik, de gescheurde verse basilicum en de gehakte pecannoothelften.

h) Sprenkel 1 theelepel olijfolie over de salade en roer voorzichtig door elkaar.

i) Breng op smaak met zout en peper.

j) Serveer de gegrilde kip met citroenkruiden naast de quinoa- en perziksalade.

49. Griekse Salade Wrap

INGREDIËNTEN:
- 2 volkoren tortilla's
- ¼ kopje Romeinse sla of gemengde groenten
- 1 kopje in blokjes gesneden komkommers
- 1 kopje in blokjes gesneden tomaten
- ½ kopje in blokjes gesneden rode ui
- ¼ kopje verkruimelde fetakaas
- ¼ kopje Kalamata-olijven, ontpit en in plakjes gesneden
- 2 eetlepels extra vergine olijfolie
- 2 eetlepels rode wijnazijn
- 1 theelepel gedroogde oregano
- Zout en peper naar smaak

INSTRUCTIES:
a) Meng in een kom komkommers, tomaten, rode ui, fetakaas en Kalamata-olijven.
b) Meng in een kleine kom de olijfolie, rode wijnazijn, gedroogde oregano, zout en peper.
c) Druppel de dressing over de salade en roer door elkaar.
d) Verwarm de volkoren tortilla's in een pan of magnetron.
e) Leg de sla op de tortilla's.
f) Schep het salademengsel op de tortilla's, vouw de zijkanten naar binnen en rol ze op als een wrap.
g) Snijd doormidden en serveer.

50. Mediterrane Quinoasalade

INGREDIËNTEN:
- 1 kopje quinoa
- 2 kopjes water
- 1 kop kerstomaatjes, gehalveerd
- 1 komkommer, in blokjes gesneden
- ½ rode paprika, in blokjes gesneden
- ¼ kopje rode ui, fijngehakt
- ¼ kopje verse peterselie, gehakt
- ¼ kopje fetakaas, verkruimeld
- 2 eetlepels extra vergine olijfolie
- 2 eetlepels citroensap
- 1 theelepel gedroogde oregano
- Zout en peper naar smaak

INSTRUCTIES:
a) Spoel de quinoa af onder koud water.
b) Meng quinoa en water in een pan, breng aan de kook en laat het vervolgens zachtjes koken. Dek af en kook ongeveer 15 minuten of tot het water is opgenomen.
c) Meng in een grote kom de gekookte quinoa, kerstomaatjes, komkommer, rode paprika, rode ui en verse peterselie.
d) Meng in een kleine kom de olijfolie, het citroensap, de gedroogde oregano, het zout en de peper.
e) Druppel de dressing over de salade en roer door elkaar.
f) Bestrooi met verkruimelde fetakaas.
g) Serveer gekoeld en geniet ervan!

51. Mediterrane tonijn-witte bonensalade

INGREDIËNTEN:
- 1 blikje tonijn in water, uitgelekt
- 1 blikje witte bonen (15 ounces), uitgelekt en afgespoeld
- ½ kopje kerstomaatjes, gehalveerd
- ¼ kopje rode ui, fijngehakt
- 2 eetlepels verse basilicum, gehakt
- 2 eetlepels extra vergine olijfolie
- 1 eetlepel rode wijnazijn
- 1 teentje knoflook, fijngehakt
- Zout en peper naar smaak

INSTRUCTIES:

a) Meng in een kom de uitgelekte tonijn, witte bonen, kerstomaatjes, rode ui en verse basilicum.

b) Meng in een kleine kom de olijfolie, rode wijnazijn, gehakte knoflook, zout en peper.

c) Druppel de dressing over de salade en roer door elkaar.

d) Serveer deze mediterrane tonijn-witte bonensalade als een heerlijke en eiwitrijke lunch.

52. Inktvis en rijst

INGREDIËNTEN:
- 6 ons. zeevruchten (naar keuze)
- 3 teentjes knoflook
- 1 middelgrote ui (in plakjes gesneden)
- 3 Eetlepels olijfolie
- 1 groene paprika (in plakjes gesneden)
- 1 Eetlepels inktvisinkt
- 1 bosje peterselie
- 2 Eetlepels paprikapoeder
- 550 gram inktvis (schoongemaakt)
- 1 Eetlepels zout
- 2 bleekselderij (in blokjes)
- 1 vers laurierblad
- 2 middelgrote tomaten (geraspt)
- 300 g calasparrarijst
- 125 ml witte wijn
- 2 kopjes visbouillon
- 1 citroen

INSTRUCTIES:

a) Giet olijfolie in een koekenpan. Meng de ui, het laurierblad, de peper en de knoflook in een mengkom. Laat een paar minuten frituren.

b) Gooi de inktvis en zeevruchten erdoor. Laat een paar minuten koken en verwijder dan de inktvis/zeevruchten.

c) Meng de paprika, tomaten, zout, selderij, wijn en peterselie in een grote mengkom. Wacht 5 minuten totdat de groenten klaar zijn met koken.

d) Doe de gespoelde rijst in de pan. Meng de visbouillon en de inktvisinkt in een mengkom.

e) Kook in totaal 10 minuten. Combineer de zeevruchten en inktvis in een grote mengkom.

f) Kook nog 5 minuten.

g) Serveer met aioli of citroen.

GRIEKS DINER

53. Griekse gevulde druivenbladeren

INGREDIËNTEN:
- Half kopje gekookte rijst
- Eén kopje tomatenpuree
- Twee eetlepels ongezouten boter
- Drie eetlepels kristalsuiker
- Twee kopjes gekookt rundvlees
- Een theelepel gehakte gember
- Twee kopjes gemengde kaas
- Gehakte verse peterselie
- Twee eetlepels olijfolie
- Een pond druivenbladeren
- Twee kopjes tomaten
- Een snufje zout
- Een snufje zwarte peper
- Een kopje gehakte rode uien
- Een eetlepel gehakte knoflook

INSTRUCTIES:
a) Neem een grote pan.
b) Voeg de boter en de gehakte uien toe aan de pan.
c) Kook de ui tot hij zacht wordt.
d) Voeg de knoflook en gember toe, evenals het rundergehakt, de tomaten en de tomatenpuree.
e) Kook het rundvlees ongeveer tien minuten goed.
f) Voeg de kristalsuiker, gekookte rijst, zout en peper toe.
g) Meng alles goed en serveer.
h) Maak de druivenbladeren schoon en voeg het gekookte mengsel eraan toe.
i) Rol de druivenbladeren op.
j) Voeg de gemengde kaas toe en leg de druivenbladeren op een ingevette bakplaat.
k) Stoom de druivenbladeren ongeveer tien tot vijftien minuten.
l) Garneer de druivenbladeren met vers gehakte peterselieblaadjes.

54. Grieks gebakken orzo

INGREDIËNTEN:
- Een kopje ongekookte orzo
- Twee kopjes stukjes kip
- Acht ons vers gesneden spinazie
- Een eetlepel verse dille
- Vier theelepels olijfolie
- Een theelepel gedroogde oregano
- Twee teentjes gehakte knoflook
- Twee kopjes volle melk
- Vijf ons zongedroogde tomaten
- Een kopje verkruimelde fetakaas
- Een theelepel citroenpeper
- Eén theelepel zout
- Eén theelepel peper

INSTRUCTIES:
a) Neem een grote kom.
b) Voeg de peper, citroenpeper, verse dille, gedroogde oregano en zout toe aan de kom.
c) Meng alle ingrediënten goed.
d) Voeg de stukjes kip, orzo, olijfolie en spinazie toe aan de kom.
e) Meng de ingrediënten goed en voeg de gehakte knoflook en de rest van de ingrediënten toe.
f) Meng alle ingrediënten van beide kommen door elkaar.
g) Giet het mengsel in een ingevette ovenschaal.
h) Bak de orzo gedurende vijfentwintig tot dertig minuten.
i) Serveer de orzo als je klaar bent.
j) Het gerecht is klaar om geserveerd te worden.

55. Griekse Spanakopita

INGREDIËNTEN:
VOOR DEEG:
- Twee kopjes bloem voor alle doeleinden
- Twee theelepels fijn zeezout
- Half kopje ongezouten zachte boter
- Twee hele eieren
- Een kwart kopje ijswater

VOOR HET VULLEN:
- Eén kopje fetakaas
- Vier eieren
- Halve theelepel vers geraspte nootmuskaat
- Een snufje zout
- Eén eetlepel olijfolie
- Een kwart kopje gehakte ui
- Een theelepel gehakte knoflook
- Eén eetlepel melk
- Half kopje gehakte spinazie
- Een snufje gemalen zwarte peper

INSTRUCTIES:
a) Neem een grote kom.
b) Voeg de bloem en het zeezout toe aan de kom.
c) Meng de ingrediënten goed en doe de eieren, het water en de zachte boter in de kom.
d) Meng alle ingrediënten goed tot een deeg.
e) Neem een grote pan.
f) Voeg de olijfolie toe aan de pan.
g) Voeg de uien en knoflook toe als de olie warm wordt.
h) Kook de uien tot ze zacht worden.
i) Meng de eieren en doe de gehakte spinazie in de pan.
j) Kook de ingrediënten tot de spinazie geslonken is.
k) Voeg de fetakaas, melk, zwarte peper, zout en vers geraspte nootmuskaat toe aan de pan.
l) Kook de ingrediënten ongeveer vijf minuten.
m) Zet het vuur uit en laat het mengsel afkoelen.
n) Rol het deeg uit en leg de helft ervan in een ronde ovenschaal.
o) Voeg het gekookte mengsel toe aan het deeg en bedek het mengsel met de rest van het deeg.
p) Bak de spanakopita ongeveer twintig tot vijfentwintig minuten.
q) Serveer de spanakopita als deze klaar is.

56. Griekse Kaastaarten (Tiropita)

INGREDIËNTEN:
- Een kwart kopje Griekse fetakaas
- Eén kopje gruyèrekaas
- Eén kopje melk
- Vier hele eieren
- Een kwart kopje Philadelphia-kaas
- half kopje gesmolten boter
- Eén pakje biologische filodellen
- Een takje verse tijmblaadjes
- Twee eetlepels sesamzaadjes
- Een snufje zout
- Een snufje vers gemalen zwarte peper

INSTRUCTIES:
a) Neem een grote pan.
b) Voeg de boter toe aan de pan en smelt deze.
c) Voeg de sesamzaadjes, eieren, zout en peper toe aan de pan.
d) Kook de eieren goed en doe dan de tijm in de pan.
e) Kook het gerecht twee tot drie minuten en serveer het vervolgens.
f) Voeg de melk, Philadelphia-kaas, Griekse fetakaas en gruyère-kaas toe als het mengsel is afgekoeld.
g) Meng alles goed.
h) Snij de filodellen in de gewenste vorm en voeg bovenstaand mengsel in het midden toe.
i) Plaats de taarten op een ingevette bakplaat.
j) Plaats de bakplaat in een voorverwarmde oven.
k) Bak de taarten ongeveer vijfenveertig tot vijftig minuten.
l) Verdeel de taarten wanneer ze een goudbruine kleur hebben bereikt.
m) Het gerecht is klaar om geserveerd te worden.

57. Griekse langzaam gegaarde lamsgyros

INGREDIËNTEN:
- Vier platbrood
- Half kopje groentebouillon
- Een kwart kopje citroensap
- Een kopje tzatziki-saus
- Half kopje gesneden rode ui
- Half kopje gesneden tomaten
- Half kopje Romeinse sla
- Een eetlepel gehakte knoflook
- Eén kopje tomatenpuree
- Twee eetlepels olijfolie
- Een eetlepel knoflookpoeder
- Een eetlepel gedroogde tijm
- Een halve theelepel gemalen kaneel
- Twee eetlepels chilipoeder
- Een kwart theelepel verse nootmuskaat
- Een snufje zeezout
- Twee kopjes lamsstukjes

INSTRUCTIES:
a) Neem een grote pan.
b) Voeg de olijfolie en knoflook toe aan de pan.
c) Voeg de oregano, tomatenpuree, gerookte paprika, nootmuskaat, chilipoeder, tijm en zout toe.
d) Voeg de groentebouillon, het citroensap en de stukjes lamsvlees toe aan de pan.
e) Verlaag het vuur en kook ongeveer dertig minuten.
f) Kook de ingrediënten ongeveer vijftien minuten goed.
g) Bak de flatbreads ongeveer twee tot drie minuten.
h) Snij de flatbreads ertussen door zodat er een buidelstructuur ontstaat.
i) Voeg het gekookte mengsel toe aan het flatbread en beleg het met tzatziki-saus, romaine sla, gesneden tomaten en rode uien.

58. Griekse lamskoteletten gevuld met lamsvlees

INGREDIËNTEN:
- Vier eetlepels olijfolie
- Een kopje gehakte ui
- Eén theelepel kaneel
- Vier gehakte knoflook
- Een kwart kopje rozijnen
- Zes courgettes
- Twee kopjes lamsgehakt
- Een kwart kopje gehakte rozijnen
- Twee eetlepels pijnboompitten
- Eén kopje fetakaas
- Gehakte muntblaadjes

INSTRUCTIES:
a) Neem een pan.
b) Voeg olie toe aan de pan.
c) Voeg alle ingrediënten behalve de munt, fetakaas en courgettes toe aan de pan.
d) Kook de ingrediënten goed en maal ze vervolgens fijn.
e) Verdeel de pasta over de courgettes en bestrijk deze met fetakaas.
f) Bak de courgettes ongeveer tien tot vijftien minuten.
g) Serveer de courgettes en garneer ze met gehakte muntblaadjes.

59. Grieks Lam Kleftiko

INGREDIËNTEN:
- Twee kopjes lamsstukjes
- Een eetlepel verse dille
- Vier theelepels olijfolie
- Een theelepel gedroogde oregano
- Twee teentjes gehakte knoflook
- Twee kopjes volle melk
- Vijf ons zongedroogde tomaten
- Een kopje verkruimelde fetakaas
- Een theelepel citroenpeper
- Eén theelepel zout
- Eén theelepel peper

INSTRUCTIES:
a) Neem een grote kom.
b) Voeg de peper, citroenpeper, verse dille, gedroogde oregano en zout toe aan de kom.
c) Meng alle ingrediënten goed.
d) Voeg de stukjes lamsvlees en de olijfolie toe aan de kom.
e) Meng de ingrediënten goed en voeg de gehakte knoflook en de rest van de ingrediënten toe.
f) Meng alle ingrediënten van beide kommen door elkaar.
g) Voeg het mengsel toe aan een ingevette ovenschaal.
h) Bak de lamskleftiko gedurende vijfentwintig tot dertig minuten.
i) Serveer de kleftiko als je klaar bent.
j) Het gerecht is klaar om geserveerd te worden.

60. Gekruide lamskoteletten met gerookte aubergine

INGREDIËNTEN:
- Twee kopjes lamsstukjes
- Een eetlepel verse dille
- Vier theelepels olijfolie
- Een theelepel gedroogde oregano
- Twee theelepels gemengde kruiden
- Twee teentjes gehakte knoflook
- Twee kopjes aubergine
- Een kopje verkruimelde fetakaas
- Een theelepel citroenpeper
- Eén theelepel zout
- Eén theelepel peper

INSTRUCTIES:
a) Neem een grote kom.
b) Voeg de peper, stukjes aubergine, gemengde kruiden, citroenpeper, verse dille, gedroogde oregano en zout toe aan de kom.
c) Meng alle ingrediënten goed.
d) Voeg de stukjes lamsvlees en de olijfolie toe aan de kom.
e) Meng de ingrediënten goed en voeg de gehakte knoflook en de rest van de ingrediënten toe.
f) Meng alle ingrediënten van beide kommen door elkaar.
g) Voeg het mengsel toe aan een ingevette ovenschaal.
h) Grill het lamsvlees en de aubergine gedurende vijfentwintig tot dertig minuten.
i) Serveer het lamsvlees en de aubergine als ze klaar zijn.
j) Het gerecht is klaar om geserveerd te worden.

61. Griekse Aborigine en Lamspasticcio

INGREDIËNTEN:
- Een eetlepel gehakte knoflook
- Twee eetlepels verse gehakte dille
- Eén kopje fetakaas
- Twee kopjes lamsgehakt
- Een snufje zout
- Een snufje gemalen zwarte peper
- Een kopje auberginestukjes
- Twee eetlepels olijfolie
- Drie kopjes babyspinazie
- Twee kopjes roodbruine aardappelen
- Een kopje gehakte uien
- Twee kopjes tomatensaus
- Twee kopjes bechamelsaus

INSTRUCTIES:
a) Neem een grote kom.
b) Doe de aubergine, het lamsgehakt, de aardappelen en de babyspinazie in een kom.
c) Meng de olijfolie, het zout en de gemalen zwarte peper in de kom.
d) Bak de ingrediënten ongeveer twintig minuten in de oven.
e) Neem een grote pan.
f) Voeg de olijfolie en ui toe aan de pan.
g) Kook de uien tot ze zacht worden.
h) Voeg de gehakte knoflook toe aan de pan.
i) Kook de ingrediënten goed.
j) Voeg de fetakaas, het zout en de zwarte peper toe aan de pan.
k) Meng alle ingrediënten goed en voeg de gehakte dille toe
l) pan.
m) Voeg het gebakken lamsvlees en de groenten toe aan de pan en meng
n) alles goed.
o) Voeg de tomatensaus en de bechamelsaus toe aan het groentemengsel.
p) Bak nog tien minuten.

62. Griekse groene salade met gemarineerde feta

INGREDIËNTEN:
VOOR DE DRESSING:
- Een halve theelepel koosjer zout
- Twee theelepels versgemalen zwarte peper
- Een kwart kopje rode wijnazijn
- Half kopje olijfolie
- Twee eetlepels gehakte knoflook
- Twee theelepels verse oregano
- Halve theelepel gedroogde oregano

VOOR SALADE:
- Een kopje gemarineerde fetakaas
- Een half pond sneetjes brood
- Halve theelepel gehakte knoflook
- Twee eetlepels olijfolie
- Half kopje Kalamata-olijven
- Een kopje roodoranje paprika
- Een kopje Engelse komkommer
- Eén kopje kerstomaatjes

INSTRUCTIES:
a) Neem een klein kommetje.
b) Voeg de olijfolie en de gehakte knoflook eraan toe.
c) Meng het goed en verdeel het over de sneetjes brood.
d) Serveer de sneetjes brood als ze klaar zijn.
e) Neem een grote kom.
f) Voeg de Engelse komkommer, Kalamata-olijven, roodoranje paprika, kerstomaatjes en gemarineerde fetakaas toe aan de kom.
g) Meng alles goed en zet het opzij.
h) Neem een klein kommetje.
i) Voeg de olijfolie, rode wijnazijn, koosjer zout, gehakte knoflook, vers gemalen zwarte peper, verse oregano en gedroogde oregano toe.
j) Meng alles goed.
k) Giet deze dressing over de bereide salade.
l) Meng alles goed en voeg de geroosterde sneetjes brood apart toe.

63. Griekse lamspita's

INGREDIËNTEN:
- Twee eetlepels olijfolie
- Twee sneetjes pitabroodje
- Twee grote eieren
- Eén rijpe kerstomaat
- Twee kopjes lamsstukjes
- Een kopje gehakte ui
- Half kopje gehakte basilicum
- Een kwart kopje verkruimelde fetakaas
- Een snufje zout
- Een snufje zwarte peper
- Een bosje gehakte koriander

INSTRUCTIES:
a) Neem een grote pan.
b) Voeg de olijfolie toe aan de pan.
c) Voeg de ui en het zout toe aan de pan.
d) Kook de uien goed en doe dan de zwarte peper in de pan.
e) Voeg de stukjes lamsvlees toe aan het mengsel.
f) Voeg de gehakte basilicum toe aan het mengsel.
g) Kook de ingrediënten ongeveer vijftien minuten goed.
h) Serveer als de stukjes lamsvlees gaar zijn.
i) Laat het vlees afkoelen en voeg er dan de verkruimelde fetakaas aan toe.
j) Goed mengen.
k) Verwarm de pitabroodjes.
l) Snij een gat in het brood en doe het gekookte mengsel erin.
m) Garneer het brood met gehakte koriander.

64. Mediterrane gebakken zalm

INGREDIËNTEN:
VOOR DE GEBAKKEN ZALM:
- 2 zalmfilets (elk 6 ons)
- 2 teentjes knoflook, fijngehakt
- 2 eetlepels extra vergine olijfolie
- 1 citroen, uitgeperst
- 1 theelepel gedroogde oregano
- Zout en peper naar smaak

VOOR DE GRIEKSE SALADE:
- 1 komkommer, in blokjes gesneden
- 1 kop kerstomaatjes, gehalveerd
- ½ rode ui, fijngehakt
- ¼ kopje Kalamata-olijven, ontpit en in plakjes gesneden
- ¼ kopje verkruimelde fetakaas
- 2 eetlepels extra vergine olijfolie
- 2 eetlepels rode wijnazijn
- 1 theelepel gedroogde oregano
- Zout en peper naar smaak

INSTRUCTIES:
VOOR DE GEBAKKEN ZALM:
a) Verwarm de oven voor op 190°C.
b) Meng in een kleine kom de gehakte knoflook, extra vergine olijfolie, citroensap, gedroogde oregano, zout en peper.
c) Leg de zalmfilets op een bakplaat bekleed met bakpapier.
d) Bestrijk de zalm met het citroen-knoflookmengsel.
e) Bak gedurende 15-20 minuten of tot de zalm gemakkelijk uit elkaar valt met een vork.

VOOR DE GRIEKSE SALADE:
f) Meng in een grote slakom de in blokjes gesneden komkommer, kerstomaatjes, rode ui, Kalamata-olijven en verkruimelde fetakaas.
g) Meng in een kleine kom de extra vergine olijfolie, rode wijnazijn, gedroogde oregano, zout en peper.
h) Druppel de dressing over de salade en roer door elkaar.
i) Serveer de gebakken zalm naast de Griekse salade.

65. Mediterrane Quinoa Gevulde Paprika's

INGREDIËNTEN:
- 4 grote paprika's (elke kleur)
- 1 kopje quinoa
- 2 kopjes water
- 1 blik kikkererwten (15 ons), uitgelekt en afgespoeld
- ½ kopje in blokjes gesneden tomaten
- ¼ kopje gehakte verse peterselie
- ¼ kopje verkruimelde fetakaas
- 2 eetlepels extra vergine olijfolie
- 1 eetlepel citroensap
- 1 theelepel gedroogde oregano
- Zout en peper naar smaak
- Basilicumblaadjes, om te garneren

INSTRUCTIES:

a) Verwarm de oven voor op 190°C.

b) Snij het kapje van de paprika's en verwijder de zaadjes en de zaadlijsten.

c) Meng quinoa en water in een pan, breng aan de kook en laat het vervolgens zachtjes koken. Dek af en kook ongeveer 15 minuten of tot het water is opgenomen.

d) Meng in een kom de gekookte quinoa, kikkererwten, tomatenblokjes, gehakte verse peterselie en verkruimelde fetakaas.

e) Voeg de extra vergine olijfolie, het citroensap, de gedroogde oregano, het zout en de peper toe aan het quinoamengsel. Goed mengen.

f) Vul de paprika's met het quinoa-kikkererwtenmengsel.

g) Leg de gevulde paprika's in een ovenschaal, dek af met aluminiumfolie en bak ongeveer 30 minuten.

h) Verwijder de folie en bak nog eens 10 minuten of tot de paprika's gaar zijn en de bovenkant lichtbruin is.

i) Serveer, gegarneerd met basilicumblaadjes.

66. Mediterraanse linzen- en groentestoofpot

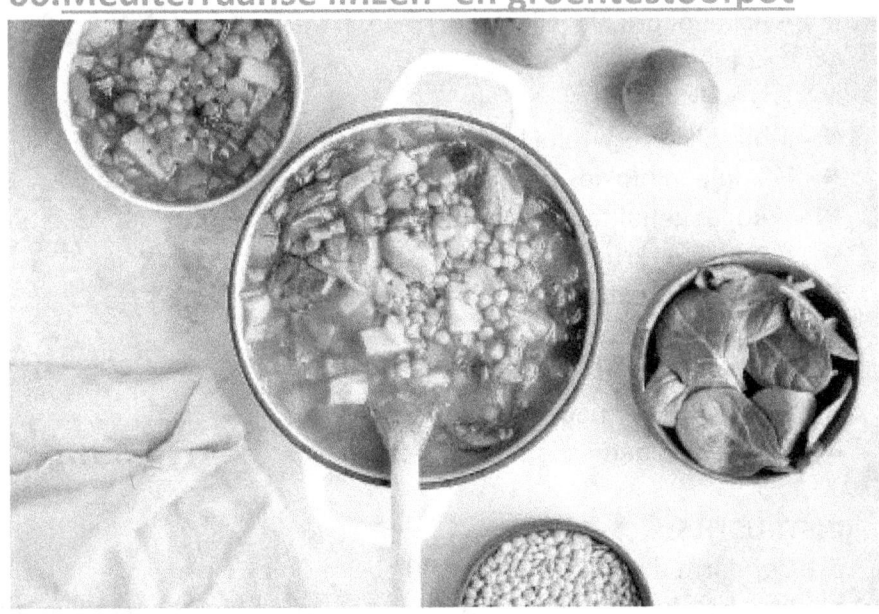

INGREDIËNTEN:
- 1 kopje groene of bruine linzen, gespoeld en uitgelekt
- 4 kopjes groentebouillon
- 2 wortels, in blokjes gesneden
- 2 stengels bleekselderij, in blokjes gesneden
- 1 ui, fijngehakt
- 2 teentjes knoflook, fijngehakt
- 1 blikje (15 ons) tomatenblokjes
- 1 theelepel gedroogde oregano
- 1 theelepel gedroogde tijm
- Zout en peper naar smaak
- 2 eetlepels extra vergine olijfolie
- Verse peterselie voor garnering 1 kopje babyspinazie

INSTRUCTIES:

a) Verhit de extra vergine olijfolie in een grote pan op middelhoog vuur.

b) Voeg de gesnipperde ui, wortels en selderij toe. Bak ongeveer 5 minuten tot ze zacht beginnen te worden.

c) Roer de gehakte knoflook, gedroogde oregano en gedroogde tijm erdoor. Kook nog een minuut.

d) Voeg de linzen, groentebouillon en in blokjes gesneden tomaten toe. Aan de kook brengen.

e) Zet het vuur lager, dek af en laat ongeveer 25-30 minuten sudderen, of tot de linzen gaar zijn.

f) Vlak voor het serveren de spinazie erdoor roeren tot deze geslonken is.

g) Breng op smaak met zout en peper.

h) Serveer de mediterrane linzen- en groentestoofpot warm, gegarneerd met verse peterselie.

67. Gegrilde groente- en halloumi-spiesjes

INGREDIËNTEN:
VOOR DE SPIESJES:
- 1 rode paprika, in stukjes gesneden
- 1 gele paprika, in stukjes gesneden
- 1 courgette, in rondjes gesneden
- 1 rode ui, in stukjes gesneden
- 8 kerstomaatjes
- 8 houten spiesen, geweekt in water
- 8 ons halloumi-kaas, in blokjes gesneden

VOOR DE MARINADE:
- 2 eetlepels extra vergine olijfolie
- 2 eetlepels citroensap
- 1 theelepel gedroogde oregano
- Zout en peper naar smaak

INSTRUCTIES:
a) Verwarm een grill voor op middelhoog vuur.
b) Rijg de paprika, courgette, rode ui, kerstomaatjes en halloumi-kaas afwisselend op de geweekte houten spiesjes.
c) Meng in een kleine kom de extra vierge olijfolie, het citroensap, de gedroogde oregano, het zout en de peper om de marinade te maken.
d) Bestrijk de spiesjes met de marinade.
e) Grill de spiesjes ongeveer 3-4 minuten per kant, of tot de groenten gaar zijn en de halloumi-kaas lichtbruin is.

68. Mediterrane Garnalen En Spinazie Saute

INGREDIËNTEN:
- 8 ons grote garnalen, gepeld en ontdaan van darmen
- 2 eetlepels extra vergine olijfolie
- 2 teentjes knoflook, fijngehakt
- 6 kopjes verse spinazie
- ½ kopje kerstomaatjes, gehalveerd
- 1 eetlepel citroensap
- ½ theelepel gedroogde oregano
- Zout en peper naar smaak
- 1 tot 2 courgettes in de lengte gehalveerd, in ½ maantjes gesneden
- 1 kopje gekookte kikkererwten uit blik kikkererwten, uitgelekt
- Feta-kaasbrokkels (optioneel)
- Handvol verse basilicumblaadjes, gescheurd

INSTRUCTIES:

a) Verhit de extra vergine olijfolie in een grote koekenpan op middelhoog vuur.

b) Voeg de gehakte knoflook toe en bak ongeveer 30 seconden tot het geurig is.

c) Voeg de courgetteplakken toe en kook 3-4 minuten, of tot ze zacht en lichtbruin beginnen te worden.

d) Duw de courgette naar de zijkant van de pan en voeg de garnalen toe.

e) Kook 2-3 minuten aan elke kant of tot ze roze en ondoorzichtig worden.

f) Voeg de kikkererwten, kerstomaatjes en verse spinazie toe aan de koekenpan. Bak totdat de spinazie slinkt en de tomaten zacht worden.

g) Besprenkel met citroensap en bestrooi met gedroogde oregano, zout en peper.

h) Meng om te combineren en kook nog een minuut.

i) Bestrooi indien gewenst met feta-kaaskruimels en gescheurde verse basilicumblaadjes voordat u het serveert.

GRIEKSE VEGETARISCH

69.Griekse Jackfruitgyros

INGREDIËNTEN:
- Vier platbrood
- Half kopje groentebouillon
- Een kwart kopje citroensap
- Een kopje tzatziki-saus
- Half kopje gesneden rode ui
- Half kopje gesneden tomaten
- Half kopje Romeinse sla
- Een eetlepel gehakte knoflook
- Eén kopje tomatenpuree
- Twee eetlepels olijfolie
- Een eetlepel knoflookpoeder
- Een eetlepel gedroogde tijm
- Een halve theelepel gemalen kaneel
- Twee eetlepels chilipoeder
- Een kwart theelepel verse nootmuskaat
- Een snufje zeezout
- Twee kopjes jackfruitstukjes

INSTRUCTIES:
a) Neem een grote pan.
b) Voeg de olijfolie en knoflook toe aan de pan.
c) Voeg de oregano, tomatenpuree, gerookte paprika, nootmuskaat, chilipoeder, tijm en zout toe.
d) Voeg de groentebouillon, het citroensap en de stukjes jackfruit toe aan de pan.
e) Kook de ingrediënten ongeveer vijf minuten goed.
f) Bak de flatbreads ongeveer twee tot drie minuten.
g) Snij de flatbreads ertussen door zodat er een buidelstructuur ontstaat.
h) Voeg het gekookte mengsel toe aan het flatbread en beleg het met tzatziki-saus, romaine sla, gesneden tomaten en rode uien.

70. Griekse veganistische Skordalia

INGREDIËNTEN:
- Een kwart kopje amandelmeel
- Halve kop olijfolie
- Eén roodbruine aardappel
- Twee eetlepels citroensap
- Twee theelepels rode wijnazijn
- Tien teentjes gehakte knoflook
- Halve theelepel zout

INSTRUCTIES:
a) Neem een pan.
b) Kook de aardappelen in de pan.
c) Giet de aardappelen af als ze klaar zijn.
d) Pureer de aardappelen.
e) Voeg de knoflook, het citroensap, het amandelmeel, het zout, de rode wijnazijn en de olijfolie toe aan de aardappelpuree.
f) Meng alles goed.

71. Griekse Orzo Pastasalade met Veganistische Feta

INGREDIËNTEN:
- Eén gehakte rode ui
- Acht ons orzo-pasta
- Half kopje Kalamata-olijven
- Twee kopjes kerstomaatjes
- Half kopje gehakte peterselie
- Twee kopjes veganistische kaas
- Eén gehakte komkommer
- Eén kopje citroendressing

INSTRUCTIES:
a) Neem een pan en doe het water erin.
b) Kook het water en voeg de orzo-pasta eraan toe.
c) Giet de orzo-pasta af als deze klaar is.
d) Voeg de overige ingrediënten toe aan de pasta.
e) Meng alles goed.

72. Griekse kikkererwtengyros

INGREDIËNTEN:
- Vier platbrood
- Half kopje groentebouillon
- Een kwart kopje citroensap
- Een kopje tzatziki-saus
- Half kopje gesneden rode ui
- Half kopje gesneden tomaten
- Half kopje Romeinse sla
- Een eetlepel gehakte knoflook
- Eén kopje tomatenpuree
- Twee eetlepels olijfolie
- Een eetlepel knoflookpoeder
- Een eetlepel gedroogde tijm
- Een halve theelepel gemalen kaneel
- Twee eetlepels chilipoeder
- Een kwart theelepel verse nootmuskaat
- Een snufje zeezout
- Twee kopjes kikkererwtenstukjes

INSTRUCTIES:
a) Neem een grote pan.
b) Voeg de olijfolie en knoflook toe aan de pan.
c) Voeg de oregano, tomatenpuree, gerookte paprika, nootmuskaat, chilipoeder, tijm en zout toe.
d) Voeg de groentebouillon, het citroensap en de stukjes kikkererwt toe aan de pan.
e) Kook de ingrediënten ongeveer twintig minuten goed.
f) Bak de flatbreads ongeveer twee tot drie minuten.
g) Snij de flatbreads ertussen door zodat er een buidelstructuur ontstaat.
h) Voeg het gekookte mengsel toe aan het flatbread en beleg het met tzatziki-saus, romaine sla, gesneden tomaten en rode uien.

73. Griekse Vegetarische Moussaka

INGREDIËNTEN:
- Een eetlepel gehakte knoflook
- Twee eetlepels verse gehakte dille
- Eén kopje fetakaas
- Twee kopjes courgettestukjes
- Een snufje zout
- Een snufje gemalen zwarte peper
- Een kopje auberginestukjes
- Twee eetlepels olijfolie
- Drie kopjes babyspinazie
- Twee kopjes roodbruine aardappelen
- Een kopje gehakte uien
- Twee kopjes tomatensaus
- Twee kopjes bechamelsaus

INSTRUCTIES:
a) Neem een grote kom.
b) Doe de aubergine, stukjes courgette, aardappelen en babyspinazie in een kom.
c) Meng de olijfolie, het zout en de gemalen zwarte peper in de kom.
d) Bak de ingrediënten ongeveer twintig minuten in de oven.
e) Neem een grote pan.
f) Voeg de olijfolie en ui toe aan de pan.
g) Kook de uien tot ze zacht worden.
h) Voeg de gehakte knoflook toe aan de pan.
i) Kook de ingrediënten goed.
j) Voeg de fetakaas, het zout en de zwarte peper toe aan de pan.
k) Meng alle ingrediënten goed en voeg de gehakte dille toe
l) pan.
m) Voeg de gebakken groenten toe aan de pan en meng alles
n) Goed.
o) Voeg de tomatensaus en de bechamelsaus toe aan het groentemengsel.
p) Bak nog tien minuten.

74.Griekse gebakken courgette en aardappelen

INGREDIËNTEN:
- Half kopje gehakte peterselie
- Twee eetlepels oreganoblaadjes
- Een eetlepel rozemarijnblaadjes
- Twee eetlepels peterselieblaadjes
- Halve kop gehakte ui
- Twee eetlepels olijfolie
- Half kopje basilicumblaadjes
- Een kopje rode paprika
- Een eetlepel gemalen rode peper
- Een halve theelepel venkelbladeren
- Een snufje koosjer zout
- Een snufje zwarte peper
- Een kopje auberginestukjes
- Een kopje courgettestukjes
- Een kopje gehakte bieslook
- Eén kopje kerstomaatjes
- Half kopje hartige zomertakjes
- Twee eetlepels gehakte knoflook
- Twee eetlepels gedroogde tijm

INSTRUCTIES:
a) Neem een grote pan.
b) Voeg de olijfolie en de gehakte uien eraan toe.
c) Kook de uien tot ze lichtbruin van kleur worden.
d) Voeg de gehakte knoflook toe aan de pan.
e) Kook het mengsel gedurende vijf minuten.
f) Breng het mengsel op smaak met zout en peper.
g) Voeg de kruiden en alle groenten toe.
h) Plet de kerstomaatjes in een kom en voeg het zout toe.
i) Schep het mengsel in een bord als de groenten gaar zijn.
j) Voeg de geplette tomaten toe aan de pan.
k) Kook de tomaten gedurende tien minuten of tot ze zacht worden.
l) Voeg het groentemengsel opnieuw toe aan de pan.
m) Voeg de overige ingrediënten toe aan de pan en bak het geheel ongeveer vijftien minuten.

75. Griekse Vegetarische Rijst

INGREDIËNTEN:
- Drie kopjes gehakte gemengde groenten
- Twee theelepels citroensap
- Een half kopje gehakte uien
- Twee eetlepels gehakte knoflook
- Twee eetlepels olijfolie
- Een snufje zout
- Een snufje zwarte peper
- Een kwart kopje gedroogde munt
- Twee eetlepels gehakte verse dille
- Twee pond rijstkorrels
- Twee kopjes tomatenpuree
- Twee kopjes water

INSTRUCTIES:
a) Neem een grote pan.
b) Voeg het water toe aan de pan en breng het op smaak met zout.
c) Kook het water en voeg dan de rijst toe aan het water.
d) Kook de rijst en laat hem vervolgens uitlekken.
e) Neem een grote pan.
f) Voeg de olijfolie toe en verwarm deze goed.
g) Voeg de gehakte uien toe aan de pan en kook tot ze zacht en geurig worden.
h) Voeg de gehakte knoflook toe aan de pan.
i) Voeg de groenten, tomatenpuree, citroensap, zout en gemalen zwarte peper toe aan de pan.
j) Kook de ingrediënten ongeveer tien minuten.
k) Voeg de gekookte rijst toe aan de pan en meng goed.
l) Voeg de gedroogde munt en gehakte dille toe aan de pan.
m) Plaats een deksel op de pan.
n) Kook de rijst ongeveer vijf minuten op laag vuur.

76. Griekse Gigantes Plaki

INGREDIËNTEN:
- Vier eetlepels fijngehakte bleekselderij
- Half kopje heet water
- Twee kopjes fijngehakte tomaten
- Een theelepel gedroogde oreganobladeren
- Een snufje vers gemalen zwarte peper
- Een snufje koosjer zout
- Half kopje olijfolie
- Twee eetlepels gehakte knoflook
- Twee kopjes gigantische plaki
- Halve kop gehakte ui
- Vier eetlepels fijngehakte peterselie

INSTRUCTIES:
a) Neem een pan.
b) Voeg de olijfolie en uien toe.
c) Kook de uien tot ze zacht en geurig worden.
d) Voeg de gehakte knoflook toe aan de pan.
e) Kook het mengsel en voeg de tomaten eraan toe.
f) Bedek de schaal met een deksel.
g) Kook de tomaten tot ze zacht worden.
h) Voeg de bonen toe aan de pan.
i) Kook gedurende vijf minuten.
j) Voeg het water, het zout en de zwarte peper toe aan de pan.
k) Meng de ingrediënten zorgvuldig en dek de pan af.
l) Als de bonen gaar zijn, kun je ze uitdelen.
m) Garneer het gerecht met gehakte bleekselderij en peterselieblaadjes erbovenop.

77. Griekse Tomatenbeignets

INGREDIËNTEN:
- Een kopje gehakte tomaten
- Een kopje rode uien
- Eén kopje grammeel
- Een snufje zout
- Twee eetlepels gemengde kruiden
- Half kopje gehakte dille
- Half kopje gehakte koriander
- Plantaardige olie

INSTRUCTIES:
a) Neem een grote kom.
b) Voeg alles toe aan de kom en meng goed.
c) Voeg water toe aan de kom om een mengsel te vormen.
d) Verhit een koekenpan en doe er plantaardige olie in.
e) Voeg voorzichtig een lepel beslag toe aan de pan en kook ze een paar minuten.
f) Serveer het als de beignets lichtbruin van kleur zijn geworden.

78.Griekse Kikkererwtenbeignets

INGREDIËNTEN:
- Een kopje voorgekookte kikkererwten
- Een kopje rode uien
- Eén kopje grammeel
- Een snufje zout
- Twee eetlepels gemengde kruiden
- Half kopje gehakte dille
- Half kopje gehakte koriander
- Plantaardige olie

INSTRUCTIES:
a) Neem een grote kom.
b) Voeg alles toe aan de kom en meng goed.
c) Voeg water toe aan de kom om een mengsel te vormen.
d) Verhit een koekenpan en doe er plantaardige olie in.
e) Voeg voorzichtig een lepel beslag toe aan de pan en kook ze een paar minuten.
f) Serveer het als de beignets lichtbruin van kleur zijn geworden.

79. Griekse witte bonenstoofpot

INGREDIËNTEN:
- Een kopje gehakte uien
- Een kopje gehakte peterselie
- Eén kopje groentebouillon
- Eén kopje water
- Een snufje zout
- Een snufje zwarte peper
- Twee eetlepels olijfolie
- Een pond witte bonen
- Halve eetlepel gehakte knoflook
- Twee kopjes gehakte tomaten
- Half kopje gehakte verse tijm
- Half kopje gehakte verse oregano
- Half kopje gehakte verse bieslook
- Een theelepel gemengd kruidenpoeder
- Halve theelepel gerookte paprika
- Eén laurierblad

INSTRUCTIES:
a) Neem een grote pan.
b) Voeg de gehakte uien en olijfolie eraan toe.
c) Meng de ingrediënten goed.
d) Voeg de gehakte knoflook toe aan de pan.
e) Voeg de tomaten, oregano, laurier, zout, zwarte peper, tijm, gerookte paprika toe, meng kruidenpoeder en bieslook in de pan.
f) Kook de ingrediënten goed.
g) Voeg de witte bonen toe aan het mengsel.
h) Voeg de groentebouillon en het water toe aan de pan.
i) Meng de stoofpot goed.
j) Plaats een deksel op de pan.
k) Kook de stoofpot gedurende tien tot vijftien minuten.
l) Serveer de stoofpot als de bonen gaar zijn.
m) Garneer het gerecht met gehakte peterselie erbovenop.

80. Griekse Vegetarische Bamie s

INGREDIËNTEN:
- Een kopje gehakte uien
- Een kopje gehakte peterselie
- Eén kopje groentebouillon
- Eén kopje water
- Een snufje zout
- Een snufje zwarte peper
- Twee eetlepels olijfolie
- Een pond okra
- Halve eetlepel gehakte knoflook
- Twee kopjes gehakte tomaten
- Half kopje gehakte verse tijm
- Half kopje gehakte verse oregano
- Half kopje gehakte verse bieslook
- Een theelepel gemengd kruidenpoeder
- Halve theelepel gerookte paprika
- Eén laurierblad

INSTRUCTIES:
a) Neem een grote pan.
b) Voeg de gehakte uien en olijfolie eraan toe.
c) Meng de ingrediënten goed.
d) Voeg de gehakte knoflook toe aan de pan.
e) Voeg de tomaten, oregano, laurier, zout, zwarte peper, tijm, gerookte paprika toe, meng kruidenpoeder en bieslook in de pan.
f) Kook de ingrediënten goed.
g) Voeg de okrastukjes toe aan het mengsel.
h) Voeg de groentebouillon en het water toe aan de pan.
i) Meng de stoofpot goed.
j) Plaats een deksel op de pan.
k) Kook de stoofpot gedurende tien tot vijftien minuten.
l) Serveer de stoofpot als de groenten gaar zijn.
m) Garneer het gerecht met gehakte peterselie erbovenop.

81. Griekse gegrilde groentekommen

INGREDIËNTEN:
- Eén gehakte rode ui
- Een kopje auberginestukjes
- Een kopje courgettestukjes
- Twee kopjes kerstomaatjes
- Half kopje gehakte peterselie
- Twee kopjes fetakaas
- Eén kopje paprika
- Eén kopje champignons
- Eén kopje citroendressing

INSTRUCTIES:
a) Neem een grillpan en doe hierin de olijfolie.
b) Grill de groenten erop.
c) Verwijder de groente als je klaar bent.
d) Voeg de overige ingrediënten toe aan de groenten.
e) Meng alles goed.

82. Groenteballetjes Met Tahini Citroensaus

INGREDIËNTEN:
- Eén gehakte rode ui
- Twee fijngehakte teentjes knoflook
- Een snufje zout
- Een snufje zwarte peper
- Half kopje muntblaadjes
- Twee kopjes geraspte gemengde groenten
- Halve theelepel oregano
- Een ei
- Twee eetlepels olijfolie
- Een kopje tahini-citroensaus

INSTRUCTIES:
a) Neem een grote kom.
b) Voeg de geraspte gemengde groenten, kruiden, munt, ui, knoflook en ei toe aan de kom.
c) Meng alle ingrediënten goed en vorm ronde balstructuren.
d) Bak de groenteballetjes in olijfolie tot ze goudbruin zijn.
e) Schep de balletjes uit.
f) Serveer de balletjes met tahini-citroensaus ernaast.

83. Griekse geroosterde groenten

INGREDIËNTEN:
- Half kopje gehakte peterselie
- Twee eetlepels oreganoblaadjes
- Een eetlepel rozemarijnblaadjes
- Twee eetlepels peterselieblaadjes
- Halve kop gehakte ui
- Twee eetlepels olijfolie
- Half kopje basilicumblaadjes
- Een eetlepel gemalen rode peper
- Een halve theelepel venkelbladeren
- Een snufje koosjer zout
- Een snufje zwarte peper
- Drie kopjes gemengde groentestukjes
- Een kopje gehakte bieslook
- Eén kopje kerstomaatjes
- Half kopje hartige zomertakjes
- Twee eetlepels gehakte knoflook
- Twee eetlepels gedroogde tijm

INSTRUCTIES:
a) Neem een grote pan.
b) Voeg de olijfolie en de gehakte uien eraan toe.
c) Kook de uien tot ze lichtbruin van kleur worden.
d) Voeg de gehakte knoflook toe aan de pan.
e) Kook het mengsel gedurende vijf minuten.
f) Breng het mengsel op smaak met zout en peper.
g) Voeg de kruiden en alle groenten toe.
h) Plet de kerstomaatjes in een kom en voeg het zout toe.
i) Schep het mengsel op een bord als de groenten gaar zijn.
j) Voeg de geplette tomaten toe aan de pan.
k) Kook de tomaten gedurende tien minuten of tot ze zacht worden.
l) Voeg het groentemengsel opnieuw toe aan de pan.
m) Voeg de overige ingrediënten toe aan de pan en bak het geheel ongeveer vijftien minuten.

84. Griekse Aubergine en Tomatenstoofpot

INGREDIËNTEN:
- Een kopje gehakte uien
- Een kopje gehakte peterselie
- Eén kopje groentebouillon
- Eén kopje water
- Een snufje zout
- Een snufje zwarte peper
- Twee eetlepels olijfolie
- Een pond inboorling
- Halve eetlepel gehakte knoflook
- Twee kopjes gehakte tomaten
- Half kopje gehakte verse tijm
- Half kopje gehakte verse oregano
- Half kopje gehakte verse bieslook
- Een theelepel gemengd kruidenpoeder
- Halve theelepel gerookte paprika
- Eén laurierblad

INSTRUCTIES:
a) Neem een grote pan.
b) Voeg de gehakte uien en olijfolie eraan toe.
c) Meng de ingrediënten goed.
d) Voeg de gehakte knoflook toe aan de pan.
e) Voeg de tomaten, oregano, laurier, zout, zwarte peper, tijm, gerookte paprika toe, meng kruidenpoeder en bieslook in de pan.
f) Kook de ingrediënten goed.
g) Voeg de aboriginal toe aan het mengsel.
h) Voeg de groentebouillon en het water toe aan de pan.
i) Meng de stoofpot goed.
j) Plaats een deksel op de pan.
k) Kook de stoofpot gedurende tien tot vijftien minuten.
l) Serveer de stoofpot als de groenten gaar zijn.
m) Garneer het gerecht met gehakte peterselie erbovenop.

85. Griekse Avocadotartine

INGREDIËNTEN:
- Half kopje citroensap
- Vier sneetjes tartinebrood
- Half kopje kerstomaatjes
- Half kopje extra vergine olijfolie
- Half kopje verkruimelde kaas
- Gemalen rode pepers
- Een kwart kopje dille
- Twee kopjes gehakte avocado
- Een snufje zout
- Een snufje zwarte peper

INSTRUCTIES:
a) Neem een grote kom.
b) Voeg alle ingrediënten toe behalve de sneetjes brood.
c) Mix alle ingredienten.
d) Rooster de sneetjes tartinebrood
e) Verdeel het mengsel over de sneetjes brood.

86. Griekse Spinazierijst

INGREDIËNTEN:
- Drie kopjes gehakte spinazie
- Twee theelepels citroensap
- Een half kopje gehakte uien
- Twee eetlepels gehakte knoflook
- Twee eetlepels olijfolie
- Een snufje zout
- Een snufje zwarte peper
- Een kwart kopje gedroogde munt
- Twee eetlepels gehakte verse dille
- Twee pond rijstkorrels
- Twee kopjes tomatenpuree
- Twee kopjes water

INSTRUCTIES:
a) Neem een grote pan.
b) Voeg het water toe aan de pan en breng het op smaak met zout.
c) Kook het water en voeg dan de rijst toe aan het water.
d) Kook de rijst en laat hem vervolgens uitlekken.
e) Neem een grote pan.
f) Voeg de olijfolie toe en verwarm deze goed.
g) Voeg de gehakte uien toe aan de pan en kook tot ze zacht en geurig worden.
h) Voeg de gehakte knoflook toe aan de pan.
i) Voeg de spinazie, tomatenpuree, citroensap, zout en gemalen zwarte peper toe aan de pan.
j) Kook de ingrediënten ongeveer tien minuten.
k) Voeg de gekookte rijst toe aan de pan en meng goed.
l) Voeg de gedroogde munt en gehakte dille toe aan de pan.
m) Plaats een deksel op de pan.
n) Kook de rijst ongeveer vijf minuten op laag vuur.

87.Griekse Avgolemonosoep

INGREDIËNTEN:
- Half kopje gehakte verse tijm
- Half kopje gehakte verse oregano
- Half kopje gehakte verse bieslook
- Een theelepel gemengd kruidenpoeder
- Halve theelepel gerookte paprika
- Eén laurierblad
- Een snufje zout
- Een snufje zwarte peper
- Twee eetlepels olijfolie
- Een pond stukjes kip
- Halve eetlepel gehakte knoflook
- Twee kopjes gehakte tomaten
- Een kopje gehakte uien
- Een kopje gehakte peterselie
- Eén kopje groentebouillon
- Eén kopje water
- Half kopje citroensap

INSTRUCTIES:
a) Neem een grote pan.
b) Voeg de gehakte uien en olijfolie eraan toe.
c) Meng de ingrediënten goed.
d) Voeg de gehakte knoflook toe aan de pan.
e) Voeg de tomaten, oregano, laurier, zout, zwarte peper, tijm, gerookte paprika toe, meng kruidenpoeder en bieslook in de pan.
f) Kook de ingrediënten goed.
g) Voeg de stukjes kip en het citroensap toe aan het mengsel.
h) Voeg de groentebouillon en het water toe aan de pan.
i) Meng de soep goed.
j) Plaats een deksel op de pan.
k) Kook de soep tien tot vijftien minuten.
l) Serveer de soep als de stukken kip gaar zijn.
m) Garneer het gerecht met gehakte peterselie erbovenop.

88.Griekse Plantaardige Pita's

INGREDIËNTEN:
- Twee eetlepels olijfolie
- Twee stuks pitabroodjes
- Twee grote eieren
- Eén rijpe kerstomaat
- Twee kopjes gemengde groenten
- Een kopje gehakte ui
- Half kopje gehakte basilicum
- Een kwart kopje verkruimelde fetakaas
- Een snufje zout
- Een snufje zwarte peper
- Een bosje gehakte koriander

INSTRUCTIES:
a) Neem een grote pan.
b) Voeg de olijfolie toe aan de pan.
c) Voeg de ui en het zout toe aan de pan.
d) Kook de uien goed en doe dan de zwarte peper in de pan.
e) Voeg de gemengde groenten toe aan het mengsel.
f) Voeg de gehakte basilicum toe aan het mengsel.
g) Kook de ingrediënten ongeveer vijftien minuten goed.
h) Serveer als de groenten gaar zijn.
i) Laat het vlees afkoelen en voeg er dan de verkruimelde fetakaas aan toe.
j) Goed mengen.
k) Verwarm het pitabroodje.
l) Snij een gat in het brood en doe het gekookte mengsel erin.
m) Garneer het brood met gehakte koriander.

GRIEKSE DESSERT

89. Griekse Boterkoekjes

INGREDIËNTEN:
- Halve theelepel nootmuskaat
- Een theelepel vanille-extract
- Drie en een halve kopjes bloem
- Halve kop suiker
- Een kopje gezouten boter
- Een eetlepel gist
- Twee grote eieren
- Een halve theelepel koosjer zout

INSTRUCTIES:
a) Neem een grote kom.
b) Voeg de droge ingrediënten toe in een kom.
c) Meng alle ingrediënten goed.
d) Voeg de witte suiker en gist toe in een kom met twee eetlepels heet water.
e) Zet het gistmengsel op een vochtige plaats.
f) Voeg de boter toe aan de natte ingrediënten.
g) Voeg het gistmengsel en de eieren toe aan het koekjesmengsel.
h) Doe het gevormde mengsel in een spuitzak.
i) Maak kleine ronde koekjes op een ovenschaal en bak de koekjes.
j) Schep de koekjes uit als ze klaar zijn.
k) Het gerecht is klaar om geserveerd te worden.

90. Grieks Honingkoekje s

INGREDIËNTEN:
- Halve theelepel nootmuskaat
- Een theelepel vanille-extract
- Drie en een halve kopjes bloem
- Half kopje honing
- Half kopje olie
- Een eetlepel gist
- Twee grote eieren
- Een halve theelepel koosjer zout

INSTRUCTIES:
a) Neem een grote kom.
b) Voeg de droge ingrediënten toe in een kom.
c) Meng alle ingrediënten goed.
d) Voeg de honing en gist toe in een kom met twee eetlepels heet water
e) water.
f) Zet het gistmengsel op een vochtige plaats.
g) Voeg de olie toe aan de natte ingrediënten.
h) Voeg het gistmengsel en de eieren toe aan het koekjesmengsel.
i) Doe het gevormde mengsel in een spuitzak.
j) Maak kleine ronde koekjes op een ovenschaal en bak de koekjes.
k) Schep de koekjes uit als ze klaar zijn.
l) Het gerecht is klaar om geserveerd te worden.

91. Griekse Walnotentaart

INGREDIËNTEN:
- Eén kopje vanillesaus
- Half kopje boter
- Een kwart kopje suiker
- Een kwart theelepel gemalen kardemom
- Een kopje meel
- Een snufje zuiveringszout,
- Een ei
- Een kopje gesneden amandelen
- Voor glazuur
- Half kopje vanillesaus
- Half kopje slagroom
- Half kopje boter
- Half kopje bruine suiker
- Een kwart theelepel kaneel

INSTRUCTIES:
a) Neem een grote kom.
b) Voeg het cakebeslag toe en meng alle ingrediënten.
c) Maak het beslag en giet het in een ovenschaal.
d) Zorg ervoor dat de ovenschaal goed ingevet is en bekleed is met bakpapier.
e) Voeg het walnotenmengsel toe en meng alle ingrediënten.
f) Bak de cake.
g) Schep het uit als je klaar bent.
h) Maak het vanille- en roomglazuur door eerst de boter en de room te kloppen tot ze luchtig worden.
i) Voeg de overige ingrediënten toe en klop gedurende vijf minuten.
j) Voeg de vanille- en roomglazuur toe bovenop de cake.
k) Zorg ervoor dat alle zijkanten van de cake bedekt zijn met glazuur.
l) Snij de taart in plakjes.
m) Het gerecht is klaar om geserveerd te worden.

92. Griekse Baklava

INGREDIËNTEN:
- Acht ons boter
- Een pakje filodellen
- Een theelepel vanille-extract
- Half kopje gehakte noten (naar keuze)
- Een kopje honing
- Een kopje suiker
- Een theelepel gemalen kaneel
- Een glas water

INSTRUCTIES:
a) Neem een grote kom.
b) Voeg de boter eraan toe en klop goed.
c) Voeg de noten, kaneel en honing toe aan de boterkom.
d) Meng de ingrediënten goed.
e) Voeg de gedroogde munt toe aan de kom en meng goed.
f) Verdeel de filodeegvellen in een ingevette bakplaat.
g) Voeg het notenmengsel toe aan de filodellen en bedek deze met nog meer filodellen.
h) Bak de baklava ongeveer veertig minuten.
i) Voeg suiker en water toe in een pan en kook.
j) Haal de baklava eruit en snij deze in stukjes.
k) Giet de suikersiroop over de baklava
l) Serveer de baklava.
m) Het gerecht is klaar om geserveerd te worden.

93. Ananas Nice Cream

INGREDIËNTEN:
- 2 kopjes bevroren ananasstukjes
- 1 rijpe banaan, geschild en bevroren
- ½ kopje kokosmelk
- 1 eetlepel honing of ahornsiroop (optioneel)
- 1 theelepel vanille-extract (optioneel)
- Verse ananasschijfjes en muntblaadjes voor garnering (optioneel)

INSTRUCTIES:

a) Zorg ervoor dat zowel de bevroren ananasstukjes als de bevroren banaan goed bevroren zijn. Je kunt ze een paar uur of een hele nacht invriezen.

b) Meng in een keukenmachine of hogesnelheidsblender de bevroren ananas, bevroren banaan, kokosmelk en honing (of ahornsiroop als je deze gebruikt).

c) Voeg indien gewenst het vanille-extract toe voor extra smaak.

d) Meng alle ingrediënten tot het mengsel glad en romig is. Het kan zijn dat je even moet stoppen en de zijkanten een paar keer naar beneden moet schrapen om een gelijkmatige vermenging te garanderen.

e) Proef de mooie room en pas de zoetheid naar wens aan door indien nodig meer honing of ahornsiroop toe te voegen.

f) Zodra het mengsel goed gemengd is en een gladde, ijsachtige consistentie heeft, is het klaar.

g) Je kunt er meteen van genieten als softijsje of het in een bakje doen en invriezen voor een stevigere textuur.

h) Als je het invriest voor een stevigere textuur, is het een goed idee om het een paar minuten op kamertemperatuur te laten staan voordat je het uitschept.

i) Garneer je Pineapple Nice Cream met verse ananasschijfjes en muntblaadjes voor een mooie presentatie (optioneel).

j) Serveer en geniet van je heerlijke en gezonde Ananas Nice Cream!

94. Griekse sinaasappelcake

INGREDIËNTEN:
- Een kopje sinaasappelsap
- Half kopje boter
- Een kwart kopje suiker
- Een kwart theelepel gemalen kardemom
- Een kopje meel
- Een snufje zuiveringszout,
- Een ei
- Twee theelepels sinaasappelschil

INSTRUCTIES:
a) Neem een grote kom.
b) Voeg het cakebeslag toe en meng alle ingrediënten.
c) Maak het beslag en giet het in een ovenschaal.
d) Zorg ervoor dat de ovenschaal goed ingevet is en bekleed is met bakpapier.
e) Bak de cake.
f) Schep het uit als je klaar bent.
g) Snij de taart in plakjes.
h) Het gerecht is klaar om geserveerd te worden.

95. Griekse donuts (loukoumades)

INGREDIËNTEN:
- Half kopje boter
- Acht eieren
- Twee kopjes suiker
- Drie kopjes meel
- Een beker melk
- Een eetlepel bakpoeder
- Twee eetlepels zure room
- Een theelepel kardemomsuiker
- Een theelepel zuiveringszout
- Twee eetlepels honing

INSTRUCTIES:
a) Meng in een grote kom alle ingrediënten behalve de kardemomsuiker en honing.
b) Vorm een halfdik deeg van het mengsel.
c) Verhit een pan vol olie.
d) Maak een ronde donut-achtige structuur met behulp van een donutsnijder.
e) Bak de donuts.
f) Laat de donuts afkoelen.
g) Sprenkel de honing over de donuts.
h) Voeg de kaneelsuiker over de donuts toe.

96.Griekse melkvlapudding

INGREDIËNTEN:
- Twee kopjes volle melk
- Twee kopjes water
- Vier eetlepels maizena
- Vier eetlepels witte suiker
- Twee eidooiers
- Een kwart theelepel kaneelpoeder

INSTRUCTIES:
a) Neem een grote pan.
b) Voeg het water en de volle melk toe.
c) Laat de vloeistof vijf minuten koken.
d) Voeg de eierdooiers en de suiker toe aan het melkmengsel.
e) Kook alle ingrediënten dertig minuten goed, of tot het dik begint te worden.
f) Blijf voortdurend roeren.
g) Voeg het kaneelpoeder erbovenop toe.
h) Het gerecht is klaar om geserveerd te worden.

97. Griekse amandelsiroopgebakjes

INGREDIËNTEN:
- Acht ons amandelsiroop
- Een pakje filodellen
- Een theelepel gedroogde nootmuskaat
- Half kopje gehakte noten (naar keuze)
- Een kopje honingtijm
- Zeven ons boter

INSTRUCTIES:
a) Neem een grote kom.
b) Voeg de boter eraan toe en klop goed.
c) Voeg de noten en de amandelsiroop toe aan de boterkom.
d) Meng de ingrediënten goed.
e) Verdeel de filodellen in een ingevette bakplaat.
f) Voeg het notenmengsel toe aan de filodellen en bedek deze met nog meer filodellen.
g) Bak het deeg ongeveer veertig minuten.
h) Schep het deeg uit.
i) Sprenkel de honingtijm over de taart.
j) Het gerecht is klaar om geserveerd te worden.

98. Griekse amandelkoekjes

INGREDIËNTEN:
- Een halve theelepel vanillebonenpasta
- Twee en een halve kopjes bloem
- Halve theelepel bakpoeder
- Een kopje ongezouten boter
- Een eigeel
- Twee kopjes poedersuiker
- Half kopje gehakte amandelen

INSTRUCTIES:
a) Neem een grote kom.
b) Voeg de vanillebonenpasta, bloem, bakpoeder, ongezouten boter, eigeel en amandelen toe aan de kom.
c) Meng alle ingrediënten en doe ze in een bakplaat.
d) Bak het mengsel dertig minuten.
e) Schep het brood uit en snijd het in plakjes.
f) Bestrooi het brood met poedersuiker.

99.Griekse Oranjebloesembaklava

INGREDIËNTEN:
- Acht ons boter
- Een pakje filodellen
- Een theelepel vanille-extract
- Half kopje gehakte noten (naar keuze)
- Een kopje honing
- Een kopje suiker
- Een theelepel gemalen sinaasappelpoeder
- Een glas water

INSTRUCTIES:
a) Neem een grote kom.
b) Voeg de boter eraan toe en klop goed.
c) Voeg de noten, het sinaasappelpoeder en de honing toe aan de boterkom.
d) Meng de ingrediënten goed.
e) Voeg de gedroogde munt toe aan de kom en meng goed.
f) Verdeel de filodellen in een ingevette bakplaat.
g) Voeg het notenmengsel toe aan de filodellen en bedek deze met nog meer filodellen.
h) Bak de baklava ongeveer veertig minuten.
i) Voeg suiker en water toe aan een pan en kook.
j) Schep de baklava uit en snijd deze in stukjes.
k) Giet de suikersiroop over de baklava
l) Serveer de baklava.
m) Het gerecht is klaar om geserveerd te worden.

100. Griekse honing- en rozenwaterbaklava

INGREDIËNTEN:
- Acht ons boter
- Een pakje filodellen
- Een theelepel vanille-extract
- Half kopje gehakte noten (naar keuze)
- Een kopje honing
- Een kopje suiker
- Een theelepel rozenwater
- Een glas water

INSTRUCTIES:
a) Neem een grote kom.
b) Voeg de boter eraan toe en klop goed.
c) Voeg de noten, het rozenwater en de honing toe aan de boterkom.
d) Meng de ingrediënten goed.
e) Voeg de gedroogde munt toe aan de kom en meng goed.
f) Verdeel de filodellen in een ingevette bakplaat.
g) Voeg het notenmengsel toe aan de filodellen en bedek deze met nog meer filodellen.
h) Bak de baklava ongeveer veertig minuten.
i) Voeg suiker en water toe in een pan en kook.
j) Schep de baklava uit en snijd deze in stukjes.
k) Giet de suikersiroop over de baklava
l) Serveer de baklava.
m) Het gerecht is klaar om geserveerd te worden.

CONCLUSIE

Terwijl we onze reis door de zonovergoten pagina's van 'Grieks: alledaagse recepten met Griekse wortels' afsluiten, hopen we dat je de magie van de Griekse keuken hebt ervaren in het comfort van je eigen keuken. Elk recept op deze pagina's is een bewijs van de tijdloze aantrekkingskracht van mediterrane smaken, waar eenvoud en verfijning samenkomen en elke maaltijd een feest wordt.

Of je nu hebt genoten van de geruststellende laagjes moussaka, de frisheid van Griekse salades hebt omarmd, of hebt genoten van de zoetheid van baklava, wij vertrouwen erop dat deze 100 recepten de smaak van Griekenland bij je thuis hebben gebracht. Naast de ingrediënten en technieken, heb je misschien ook de warmte van de Griekse gastvrijheid gevoeld en de vreugde die gepaard gaat met het delen van heerlijke maaltijden met dierbaren.

Terwijl u de culinaire rijkdommen van de Middellandse Zee blijft verkennen, zal het "Griekse" u inspireren om uw dagelijkse kookkunsten te doordrenken met de geest van Griekenland. Van de olijfgaarden tot de azuurblauwe zee: laat de essentie van de Griekse keuken in uw keuken blijven hangen en creëer momenten van vreugde, verbinding en heerlijke ontdekkingen. Opa, en proost op de eindeloze geneugten van de Griekse keuken!

www.ingramcontent.com/pod-product-compliance
Lightning Source LLC
Chambersburg PA
CBHW071902110526
44591CB00011B/1515